심방으로 변화되는 아이들

멘토

심방으로 변화되는 아이들

1판1쇄발행 • 1999년 11월 1일
1판5쇄발행 • 2003년 4월 10일

지은이 • 정 석 기
발행인 • 박 동 주

발 행 처 • 도서출판 멘토
등   록 • 1997년 11월 25일 제12-219호

주   소 • 서울 강서구 화곡8동 398-4호
　　　　　전화 2608-0797 팩스 2608-0798
　　　　　e-mail : mentorpub@hanmir.com

Copyright ⓒ 정 석 기 1999

ISBN 89-88152-06-9 (03230)　　　printed in Korea

* 책값은 뒤표지에 있습니다.

들어가는 글

한 개인의 인생이 바뀌는 것은 사랑을 가지고 개인을 찾아가는 데서 시작된다.

어린이 주일학교의 교사는 그 사명이 아주 중요하다. 일반 학교 교사와는 달리 주일학교 교사는 어린이들에게 보이지 않는 하나님을 보이게끔 인도하며 교육하는 것이라고 할 것이다. 그래서 주일학교 교사는 아무나 하는 것이 아니다. 어린이의 영혼을 사랑하는 투철한 사명이 있어야 한다. 그러나 현재 우리의 상황은 여의치 못한 실정이다.

근래 우리 나라의 교회는 세계 교회가 놀랄 정도로 급성장과 부흥을 이룩했다. 하지만 어린이 주일학교는 오히려 역비례 현상이다. 그것은 성인 중심의 집착과 과잉의 반응인지 모른다. 교회에서는 장년을 대상으로 매일 새벽기도회, 수요예배, 저녁 찬양예배, 구역예배, 철야기도회, 심야기도회 그리고 매일 심방을 하고 있지만 어린이에게는 고작 주일예배만 드리는 실정이다.

그런가 하면 어린이 부모 역시 학교 공부에는 신경을 곤두 세우고 과외 수업까지 시키지만 교회 교육에는 관심이 별로 없다. 이 다음에 철이 들어 신앙생활을 잘하면 그만이라는 식이다. 이처럼 어린이의 기독교 교육은 교회에서나 가정에서 위기 국면에 처하고 있다. 이런 때 일수록 교회나 주일학교나 우리 모두가 교회 교육의 위기의식을 직시하고 이를 처방하여 나아갈 길을 모색해야 한다.

이 책에서 필자는 어린이 주일학교의 획기적이고 활력있는 부흥을 위하여 어린이 심방의 활성화를 제기한다. 한국 교회 부흥의 요인 중 하나가 바로 심방이다. 모름지지 어린이 주일학교에서도 기독교 교육과 더불어 심방이 병행되어야 한다. 이를 테면 심방은 주일학교 부흥의 밑거름이 된다고 할 수 있다.

이 작은 책은 필자가 다년간 어린이 주일학교에서 체험하고 터득한 산고(産苦)의 열매라고 할 것이다. 이 책이 어린이 주일학교 일선에서 수고하는 교사들에게 도움이 되고 또한 유익한 신앙의 양서가 되었으면 하는 바램이다.

1999. 10. 1

은총 입은 하나님의 종

제1장 어린이 심방 ▶ 7
   1. 열 번 찾아가고 포기한 아이 ▶ 9
   2. 심방을 꼭 해야 하는가? ▶ 14
   3. 성경에서 찾아보는 심방 ▶ 20
   4. 어린이와 교사의 관계 ▶ 24
   5. 목양의 관계 ▶ 28
   6. 교사의 목자상 ▶ 31
   7. 어린이의 특성 ▶ 37
   8. 심방의 종류 ▶ 54
   9. 심방의 준비 ▶ 65
   10. 심방의 시간과 횟수 ▶ 69
   11. 심방과 언행 ▶ 72
   12. 심방과 예배 ▶ 75

제2장 심방 사례 ▶ 77
    13. 교회에서도 폭력을 써요? ▶ 79
    14. 세상을 선택한 민경이 ▶ 86
    15. 진세와의 만남 ▶ 95
    16. 찬영이 다니는 교회는 안가요 ▶ 100
    17. 심방으로 인생이 바뀐 무디 ▶ 103
    18. 천사 같은 자폐아 ▶ 107

제3장 프로그램과 심방설교 ▶ 113
    19. 주일학교 성장이 안되는 이유 ▶ 115
    20. 신나는 주일 학교 프로그램 ▶ 119
    21. 하나님의 뜻 ▶ 126
    22. 사랑방 모임 이야기 ▶ 130
    ● 심방 설교 자료 ▶ 137

제1장
어린이 심방

1. 열 번 찾아가고 포기한 아이 ▶ 9
2. 심방을 꼭 해야 하는가? ▶ 14
3. 성경에서 찾아보는 심방 ▶ 20
4. 어린이와 교사의 관계 ▶ 24
5. 목양의 관계 ▶ 28
6. 교사의 목자상 ▶ 31
7. 어린이의 특성 ▶ 37
8. 심방의 종류 ▶ 54
9. 심방의 준비 ▶ 65
10. 심방의 시간과 횟수 ▶ 69
11. 심방과 언행 ▶ 72
12. 심방과 예배 ▶ 75

열 번 찾아가고 포기한 아이

"호야!"

굳게 닫힌 대문 너머 방을 향해 큰소리로 불렀다. 그렇지만 대답이 없었다. 좀더 크게 세 번째 불렀을 때 방문이 조금 열리며 그 아이가 얼굴을 내밀었다.

"어머! 호야, 잘 지냈니? 교회 선생님이야. 문 좀 열어줄래."

"나 교회에 안 다닐 거예요. 하나님은 없대요."

퉁명스런 말을 던지고는 등을 돌리며 돌아섰다.

"호야, 그러지 말고 선생님과 이야기 좀 하게 대문 좀 열어주겠니?"

"안 간다는데 왜 그래요. 귀찮게!"

하며 매몰차게 문을 닫고 들어가 버렸다. 얼굴이 화끈 달아올랐다. 같이 따라 온 아이들을 창피해서 볼 수 없을 정도였다.

"그래, 다음에 또 올게."

힘없이 돌아서며 '어쩜, 어린애가 저렇게 할 수가 있을까?' 이 아이의 부모는 예수님을 믿지 않는 분이었다. 형편이 넉넉하지 못해서 맞벌이를 하고, 집이 아주 높은 산꼭대기에 살고 있었다.

처음으로 주일학교 교사가 되어 유년부 1학년 1반을 맡았다. 초롱초롱한 눈동자 속에 장난기가 가득 들어 있던 아이들. 그 아이들을 어떻게 대해야 할지 몰라 쩔쩔매며 급기야는 울어버리고 말았다. 눈물 한 방울에 그렇게도 떠들고 말 안 듣던 녀석들도 쥐죽은 듯이 조용해졌다. 참으로 순수하고 귀여운 아이들이다.

이런 아이들을 가만히 앉아서 오기만을 기다릴 수 없었다. 다행히 우리 교회는 유난히 기도와 심방을 많이 하는 교회였다. 그래서 '발발이'라는 별명까지 얻었다. 처음 맡은 교사이기에 열정 하나만 가지고 맡겨진 아이들의 이름을 하나하나 불러가며 매일 기도를 드렸다. 그리고 토요일이 되면 차례로 아이들의 집을 찾아갔다.

그 당시 처음으로 우리 반 명단을 받았는데 한 번 나오고 계속 나오지 않았던 아이가 바로 '○호'라는 외자 이름을 가진 아이였다.

"하나님, 저 아이가 다시 교회에 올 수 있도록 도와주세요."

또다시 그 아이를 찾아갔다. 세 번, 네 번, 계속해서 찾아가면 언젠가는 나오겠지. 그 아이를 위해 계속 기도하며 찾아갔다.

하지만 1학년 답지 않은 그 아이의 말에 갈 때마다 실망을 않고 돌아왔지만 포기하지는 않았다. 하지만 시간이 흐를수록 막무가내로 거절하는 그 아이 앞에서 서서히 무너지고 있었다.

"하나님, 이제 열 번까지 찾아가도 교회에 나오지 않으면 제 책임이 아니예요. 출석부에서 지워버릴 거예요."

기도를 드린 후 그 아이를 찾아갔다. 전처럼 매정하게 거절하지는 않았지민 문을 열어 주었다. 그리고 딴짓을 하며 뛰어다니고 나와는 말을 하려고 하지 않았다. 반응이 별로 없어서 한참 후에 그 아이를 불러서 말했다.

"호야, 앞으로 너를 귀찮게 하지 않을게. 선생님은 이제 오지 않을 거야. 하지만 네가 교회에 오도록 계속 기도할 거야. 선생님은 지쳐서 그만 오지만 하나님은 끝까지 너를 사랑하시고 기다리실 거야. 언제라도 좋으니까 교회에 다시 오렴. 잘있어."

마지막으로 인사를 하고 나오니까 왈칵 눈물이 나왔다. 그 후에 출석부에서 이름을 지웠다. 그러나 마음속의 출석부에는 계속 출석을 확인하고 있었다. 그렇게 한 해가 지나도록 그 아이의 얼굴은 볼 수 없었다.

다음 해에 중·고등부로 부서를 옮겼다. 그 후에는 예배 시간이 달라서 아이들과 마주치는 일이 별로 없었다. 그런데 어느 주일 오후였다.

"안녕하세요."

하며 꾸벅 인사를 하는 아이가 있었다. 그렇게도 매정하게 교회에 오지 않겠다던 그 아이가 내 앞에 서 있었다.

"어머! 호야, 어떻게 된 일이야?"
"그냥 오고 싶어서 왔어요."
 대답 역시 싱거웠다. 그렇지만 나는 너무 기뻐서 그 아이를 꼭 껴안아 주었다. 그 아이가 중·고등부까지 열심히 신앙생활을 하는 것을 보고 나는 다른 곳으로 이사를 왔다.

 위 글은 서울 목동에 살고 있는 이현옥 교사가 전에 지방에서 살고 있을 때 겪은 이야기다. 위의 사례에서도 잠깐 언급되었지만 한국 교회는 심방을 매우 중요하게 생각한다. 그래서 강단에서 하나님의 말씀을 선포하는 설교만큼이나 심방의 비중을 크게 둔다. 설교는 교인 전체를 대상으로 한 교육이라고 한다면 심방은 개인을 상대로 한 교육이다. 그래서 심방은 의미와 가치가 있다는 말을 한다.
 어떤 사람들은 어린이 주일학교에서 무슨 따분하게 심방을 하느냐고 역반응을 보일지 모르지만 어린이일수록 심방이 더 필요하다. 심방은 어떤 목적을 가지고 찾아가서 이야기를 나누며 교제하는 것이다. 그리고 주일학교 교사의 경우 신앙의 처방을 통하여 신앙을 북돋아 주는 것이다. 심방의 심오한 뜻은 예수님께서 말씀하신 교훈에서 찾아볼 수 있다.
 어떤 사람이 양 일백 마리를 들판에 풀어 놓고 풀을 뜯어 먹게 했다. 그런데 어느 틈에 양 한 마리가 없어졌다. 순간 그 목자의 얼굴은 걱정과 근심으로 가득 찬다. 목자는 한 마리의 잃은 양을 찾으려고 아흔아홉 마리의 양을 들판에 두고 이리저리 찾아 헤맨다. 그는 양의 이름을 큰소리로 외치며 여기저기 찾아 헤매다가 천신만고 끝에 잃은 양을 찾았다. 그는 기뻐서 양을 어깨에 메고 집으로 돌아와 친구들과 이웃 사람들을 불러모아 양을 찾았으니 함께 기뻐하자고 한다(눅 15:3-6).

예수님께서 비유로 말씀하신 이 사건은 심방의 깊은 의미가 내포되어 있다고 할 것이다. 그래서 심방은 잃은 자를 찾는 것이며, 하나님의 말씀으로 처방하며 치료하는 영적인 의사의 역할과 같다고 할 수 있다.

대부분 교회에서는 목사나 혹은 전도사가 교인들을 찾아보는 일을 맡아 한다. 그러나 주일학교의 경우 교사가 어린이들을 양육하며 심방도 같이 하게 된다. 그렇기 때문에 교사는 어린이들에게 성경을 가르치는 것뿐만 아니라 심방까지 병행해야 한다. 심방을 함으로써 어린이들의 신앙이 성장하는 것을 도울 수 있으며, 신앙의 아름다운 교제와 화목이 점진적으로 이루어 진다. 심방을 통하여 잃었던 한 영혼이 새로운 삶을 살아간다는 것을 꼭 기억해야 한다.

위의 사례에서 본 것처럼 한 어린 영혼이라도 소홀히 해서는 안된다. 언젠가는 어린이에게 뿌린 교사의 사랑이 싹이 트고 자라서 열매를 맺을 것이다.

심방을 꼭 해야 하는가

    어린이 주일학교 교사는 가르치는 것만이 모두는 아니다. 어린이를 교육하는 것만큼 아이들을 찾아가는 심방도 귀중한 것이다. 이를테면 교육과 심방은 정비례한다고 볼 수 있다. 과학자가 특허 발명품을 만들어 내는 것은 지식과 이론만으로 되는 것이 아니다. 이론을 바탕으로 실습이나 실험이 병행되어야 마침내 특허품을 생산하게 되는 것처럼 양자의 관계는 이와 흡사하다고 볼 수 있다.
    심방을 해야만이 어린이의 사정을 알 수 있다. 주일학교 안에서 신앙생활로는 어린이들의 실정이나 가정형편과 경제적인 사정 등을 알 수 없다. 그렇지만 어린이 심방을 하게 되면 부모를 만나거나 가정의 형편을 쉽게 알 수 있는 계기가 될 수 있다. 저자의 어린이 지도 수첩에는 이런 사례가 있다.

서울 K교회에서 어린이 주일학교의 지도를 맡고 있을 때였다. 어느 주일날 교회에서 예배를 드리는데 정 군이 보이지 않았다. 부모가 예수님을 믿지 않는 가정에서 혼자만 믿는 정 군에게 혹시 신앙생활에 어려움이 있는가 싶어서 몹시 궁금했다. 정 군의 집은 교회에서 그리 멀지 않은 곳에 살고 있었다. 그래서 미리 전화로 심방갈 것을 알리고 그의 집을 찾아갔다. 정 군과 어머니가 기다리고 있었다.

"안녕하세요. 처음 뵙겠습니다."

"어서 오세요."

"이 녀석이 참 기특해요."

이런 말부터 꺼내며 정 군의 머리를 쓰다듬어 주셨다. 이어 정 군의 교회에서의 신앙생활 을 소개하며 아들에 대한 칭찬을 아끼지 않았다.

"친구들과도 사교성이 좋고 성격도 아주 밝아요."

이렇게 하여 화제의 꽃을 피운 분위기는 화기애애하였다. 정 군의 어머니가 관심을 갖고 접근하는 것을 알 수 있었다. 이때다 싶어 그녀에게 전도의 고삐를 늦추지 않았다. 그 날 정군을 심방함으로써 정 군과 그의 가족 상황을 알 수 있게 되었다. 심방한 후에 정 군은 다시 교회를 열심으로 출석했다.

한 번 심방을 한 어린이는 다음에 다시 심방을 하게 되면 어린이의 사정을 미리 알고 있기 때문에 기도의 제목을 정하고 기도하게 된다. 심방을 하지 않는 교사는 어린이들의 어려운 사정이나 시험 당하는 일, 걱정하는 일들을 모르고 있기 때문에 기도를 한다고 하지만 막연하게 하기 쉽다.

기도의 분명한 제목이 없이 기도하는 것은 추상적이며 간구하는 힘이 미약하게 마련이다. 기도는 분명한 제목이 있어야 기도의 능력이 자라나게 된다.

또 하나의 심방의 필요성은 심방을 함으로써 교사 자신이 심방의 필요성을 깨닫게 된다. 교사가 어린이들을 심방하므로 자신의 신앙이 성장하게 되는 계기가 될 수 있다.

기도없이 심방할 수 없기 때문에 기도하게 되며, 또한 심방하는 어린이들에게 하나님의 말씀으로 권면하려면 성경을 읽어야 하므로 자신의 신앙성장에도 도움이 된다. 한 교사가 교사의 사명과 그 임무에 충실할 때 주일학교가 부흥되는 저력이 형성되는 것이다.

여기서 기도에 있어서 도움을 줄 만한 이야기를 잠깐 하고 넘어가려고 한다.

예수님의 공생애는 사십일 간의 금식 기도로 시작해서 십자가 위에서 기도로 끝을 맺었다. 예수님은 일하시며 기도하고, 기도하며 일하셨다. 때로는 새벽에, 때로는 밤이 맞도록(눅 6:12) 하나님께 기도를 드렸다.

기도는 우리 구원 받은 죄인들이 항상 지녀야 할 모습이다. 그런데 우리는 종종 바람직하지 못한 기도를 한다.

회개도 하지 않는 기도, 자기 뜻대로 해주기를 바라는 기도, 호소만 하는 일방적인 기도, 반신반의 하면서 하는 기도, 필요 이상의 욕심으로 하는 기도, 하나님 말씀은 듣지 않고 달라고만

하는 기도, 경건한 척 하는 기도, 자랑하기 위해 하는 금식기도 등이 있다. 이런 기도는 공연히 귀한 시간과 정력만을 낭비할 뿐이다. 그러면 우리는 어떤 기도를 드려야 하는가? 그리스도인은 먼저 그의 나라와 의를 구해야 한다. 다른 사람을 위해 중보기도를 해야 한다.

기도는 그리스도인에게 있어서 호흡과 같다.
살아있는 동안 호흡을 계속하듯이 기도 역시 쉬지 않아야 한다. 호흡을 잘하면 건강한 사람이다. 호흡을 잘 못하면 병든 사람이다. 호흡을 하지 않으면 죽은 사람이다. 기도도 마찬가지이다. 기도에 힘이 있고 강하면 일이 쉽고 잘된다. 그러나 기도가 약하면 일이 어렵고 잘 안된다.

기도는 왜 해야 하는가?
하나님의 뜻을 알기 위해서 기도를 해야 한다. 능력이 많으신 예수님께서도 하셨는데 미약한 우리는 말할 것도 없다. 나약한 우리는 하나님께서 주시는 새로운 힘을 얻기 위해서 날마다 기도를 해야 한다. 인생을 살아 가면서 우리 앞에 다가오는 여러 가지 시험을 이기기 위해서는 기도할 수밖에 없다. 일이 안되고 괴롭고 답답할 때, 어떤 일을 시작할 때, 그 일을 하나님께서 원하시는 일인지, 원하신다면 그 일이 잘 이루어 지도록 기도를 해야 한다. 하나님과의 대화가 즐겁기 때문에 늘 기도를 해야 한다.

기도의 횟수는 하나님과 자신과의 거리와 같다.
아주 멀리 사는 사람은 큰 일이나 생겨야 만나고, 약간 멀리 있는 사람은 가끔씩 만나고, 이웃에 사는 사람은 자주 만난다. 그러나 우리는 하나님과 함께 사는 사람이기에 사사건건 반드시 하나님께 물어보고 행하는 사람이 되어야 한다.
하나님께 묻고 행한 것은 간혹 실패한 것같이 보일 수 있지만 실패한 것이 아니요, 묻지 않고 한 것은 성공한 것같이 보이지만 성공한 것이 아니다.

기도는 기적을 일으키는 열쇠이다.
죄의 사슬에서 풀리고, 질고에서 풀리고, 옥문이 열리고, 무덤이 열리고, 하늘이 열리고, 사랑이 열리고, 그밖의 모든 어려움에서 좋은 것으로 열린다.
하나님께서는 이럴 때 기도를 들어 주신다고 약속하셨다.

> 여호와는 악인을 멀리 하시고 의인의 기도를 들으시느니라(잠15:29).
> 여호와께서는 자기에게 간구하는 모든 자 곧 진실하게 간구하는 모든 자에게 가까이 하시는도다
> (시 145:18).
> 너희가 내 안에 거하고 내 말이 너희 안에 거하면 무엇이든지 원하는 대로 구하라 그리하면 이루리라
> (요 15:7).
> 너희가 기도할 때에 무엇이든지 믿고 구하는 것은 다

받으리라 하시니라(마 21:22).

너희가 내 이름으로 무엇을 구하든지 내가 시행하리니 이는 아버지로 하여금 아들을 인하여 영광을 얻으시게 하려 함이라(요 14:13).

내가 진실로 진실로 너희에게 이르노니 너희가 무엇이든지 아버지께 구하는 것을 내 이름으로 주시리라(요 16:23)

하나님의 뜻에 합당한 것을 구할 때 하나님께서는 기도를 들어 주신다. 나를 사랑하시는 하나님께서는 나의 아버지이시고, 내가 믿고 구하면 주시기로 약속하셨다.

성경에서 찾아보는 심방

　교회에서 행하는 모든 심방은 그리스도를 본받아 실시해야 한다. 성경에 나타난 예수님의 심방은 마태복음 4장 23~24절에서 이를 잘 표현하고 있다.
　"예수께서 온 갈릴리에 두루 다니사 저희 회당에서 가르치시며 천국 복음을 전하시며 백성 중에 모든 병과 모든 약한 것을 고치시니 그의 소문이 온 수리아에 퍼진지라."
　여기서 우리는 예수님께서 행하신 사역을 통하여 심방의 원리를 찾아볼 수 있다. 성경적 심방은 어린이들에게 복음의 진리를 가르쳐 주며 신앙생활의 훈련과 지도를 하게 이끌어 준다. 그리고 신령한 위로를 주며, 격려를 주고, 특히 약한 어린이와 보호를 필요로 하는 어린이와 문제점이 있는 아이들을 개인적으로 만나 보거나 가정으로 찾아가 보는 일이라고 할 것이다.

예수님께서 공생애 기간 동안에 베다니에 살고 있던 나사로의 집을 심방한 것은 우리 기억에서 잊혀지지 않을 사건으로 알려지고 있다(요한복음 11장). 베다니 마을은 감람산의 동쪽 산허리에 있고, 예루살렘으로부터 여리고에 이르는 길에 위치하고 있다. 예수님께서는 예루살렘을 왕래할 때마다 나사로의 집에 들르셨고 나사로는 주님께 사랑을 받던 사람이었다.

어느 날 나사로가 모진 병으로 신음을 하게 되었다. 그러자 그의 누이들이 사람을 예수님께 보내어 심방해 주실 것을 간청한다.

"주여, 보시옵소서. 사랑하시는 자가 병들었나이다."

이 소식을 듣고도 예수님께서는 그곳으로 곧바로 떠나시지 않으시고 그곳에서 더 머무시다가 제자를 거느리고 나사로의 집을 심방하셨다. 그러나 나사로는 이미 죽은 지 4일이나 되었다. 그의 가족은 온통 슬픔에 젖어 울고 있었다. 하지만 주님은 마르다와 마리아를 심방하여 오빠의 죽음으로 인한 비통한 문제를 해결해 주셨다. 그로 인해 나사로는 다시 살아나는 새생명의 역사를 맛보게 되었다.

구약시대는 어떠했는가? 엘리야가 선지자로 활약하던 그 시절에 3년간 흉년이 지속되었다(열왕기상 17장). 그런데 사르밧 과부는 엘리야의 심방을 받고 큰 은혜를 입게 되었다.

엘리사는 사르밧 과부에게 물 한 컵을 갖다 달라고 하며 덧붙여 말했다.

"빵 한 조각도 갖다 주시오."

이 말을 듣고 그녀는 비통한 심정으로 대답했다.

"살아계신 당신의 하나님 여호와의 이름으로 맹세하지만 나에게는 빵이 하나도 없습니다. 내가 가진 것이라고는 밀가루 한 움큼과 약간의 기름뿐입니다. 나는 나무를 조금 주워다가 내 아들과 함께 마지막으로 음식을 만들어 먹으려고 합니다. 우리는 이것만 먹고 나면 굶어 죽게 될 것입니다."

그때 엘리야가 말했습니다.

"염려하지 말고 가서 먼저 그것으로 작은 빵 하나를 만들어 나에게 가져오시오. 그런 다음에 남은 것으로 당신과 당신의 아들을 위해 음식을 만드시오. 이스라엘의 하나님 여호와께서는 이 땅에 비를 내리시는 날까지 당신의 밀가루 통에 밀가루가 떨어지지 않을 것이며 그 기름병에 기름이 마르지 않을 것이라고 말씀하셨습니다."

그래서 그 과부는 엘리야의 말대로 했고 여호와의 말씀대로 그 통의 밀가루가 떨어지지 않았고 그 병의 기름이 마르지 않았다. 사르밧 과부는 하나님의 종을 잘 대접하고, 심방을 통해 위급한 문제의 해결을 맛보았다.

예루살렘 초대교회 때의 이야기다. 빌립이 사마리아 성에 가서 전도를 하자, 큰 성과가 나타나 그리스도인의 수가 많이 늘어났다. 이에 빌립이 혼자서 이를 감당 하기가 심히 어려웠다. 이 사정을 알고 예루살렘 교회가 베드로와 요한 사도를 사마리

아에 특별 파송하여 심방을 하게 하였다. 그들은 새로 믿은 사람들이 성령을 받도록 기도했다. 그들이 안수 기도를 하자 성령께서 사모하는 그들에게 충만히 내려졌다.

"예루살렘에 있는 사도들이 사마리아도 하나님의 말씀을 받았다 함을 듣고 베드로와 요한을 보내매 그들이 내려가서 저희를 위하여 성령 받기를 기도하니 이는 아직 한 사람에게도 성령 내리신 일이 없고 오직 주 예수의 이름으로 세례만 받을 뿐이러라 이에 두 사도가 저희에게 안수하매 성령을 받는지라."
(행 8:14~17)

그런가 하면 이방 전도에 나섰던 바울과 바나바는 그들이 전도하여 신자가 된 사람들이 살고 있는 지역에 심방할 필요를 느끼고 그 지역을 다시 찾아갔다.

"수일 후에 바울이 바나바더러 말하되 우리가 주의 말씀을 전한 각 성으로 다시 가서 형제들이 어떠한가 방문하자 하니"
(행15:36)

이처럼 성경에서도 심방의 필요성을 여러 곳에서 찾아볼 수 있다. 어린이를 잘 심방하여 신앙의 훈련을 시키는 것은 매우 귀중한 일이다.

어린이와 교사의 관계

호레이스 부시넬(Horace Bushnell)은 그의 위대한 저서인 『기독교 교육』에서 다음과 같이 말했다.

"기독교 교육은 양육(nurture) 혹은 배양(cultivation)으로 시작한다. 어린이는 부모의 생활 안에서 성장하여 가장 어렸을 때부터 원칙적으로 그리스천이 되게 하는 것이 기독교 교육의 진정한 이념이다. 자기는 언어로서 완전히 가르칠 수 없고, 지적이며 논리적인 방법으로서도 해석할 수 없으며, 진리가 바로 알려지기 위해서는 먼저 그 진리를 살아봄으로써 그 의미를 깨닫게 되어야 한다."

그가 이처럼 역설한 그의 기독교 교육론은 의미가 깊다. 여기서는 우리의 교사된 사명이 얼마나 막중하다는 것을 재삼 느끼게 된다. 따라서 교사의 사명을 의식할 때 나에게 맡겨진 어린이들과 관계를 보다 더 이해하게 되며 사랑하게 된다. 어린이와 교사와의 관계가 원만하게 이루어지려면 교사 자신이 먼저 사랑으로 다가가는 교사가 되어야 한다.

스위스가 낳은 유명한 교육자인 페스탈로찌의 일화 가운데 이런 이야기가 있다.

어느 날 길을 걷고 있던 행인이 수상한 사람을 발견했다. 수상한 사람은 길을 걷다가 허리를 구부리며 무엇인가 열심히 줍고 있었다. 이 광경을 보고 그 행인은 매우 궁금하여 큰소리로 물었다.

"여보시오. 당신은 가던 길을 멈추고 무엇을 그렇게 열심히 줍는 거요?"

그러나 그는 묻는 말에 대답이 없었다. 행인은 더욱 궁금해서 다시 물었다.

"허허…… 그렇게도 알고 싶소? 내가 줍는 것은 유리 조각이나 버려진 못이오."

행인은 그것을 의아해 하며 물었다.

"뭐요, 진짜 유리 조각이나 녹슨 못이라구요? 그럼 그것을 주워다 어디다 쓰려고 하시오?"

그러자 페스탈로찌는 소리내어 웃었다.

"두고 보면 알 것입니다. 지금은 당장은 알 수 없거든요."

행인은 나중에서야 그가 페스탈로찌라는 것을 알게 되었다. 그러면 그가 그 날 왜 땅에 떨어진 폐물을 주웠을까? 그는 사랑을 몸소 실천한 위대한 교육가였다. 땅에 떨어진 유리 조각이나 녹슨 철못이 행여나 지나가는 사람들이나 어린아이들이 놀다가 손이나 발을 다칠까봐 위험한 것은 주워서 자기 호주머니에 넣었다. 후에 페스탈로찌가 많은 사람들에게 교육의 영향을 미친 것은 사랑을 지니고 실천한 교육가였기 때문이었다.

기독교는 한 마디로 말한다면 사랑의 종교이다. 그래서 요한은 "하나님은 사랑이시다"라고 하였다.

"하나님이 우리를 사랑하시는 사랑을 우리가 알고 믿었노니 하나님은 사랑이시라 사랑 안에 거하는 자는 하나님 안에 거하고 하나님도 그 안에 거하시느니라" (요일 4:16)

또한 사도 바울은 은사 중에 최고의 은사는 "사랑"이라고 했다.

"그런즉 믿음, 소망, 사랑 이 세 가지는 항상 있을 것인데 그 중에 제일은 사랑이라" (고전 13:13)

나의 어린 시절의 이야기이다. 여덟 살쯤 되었을 때였다. 학교에 갔다가 돌아오는 길에 친구와 동물원 구경을 갔다. 그 친구와 신나게 여기저기 구경을 하다가 마침 목마를 발견하고 그 쪽으로 목마를 타러 갔다. 그런데 아뿔사 목마 앞에 탔다가 목마의 앞부분과 부딪쳐서 무릎을 심하게 다쳤다. 순간 다친 부분에서 피가 많이 흘러 내렸다. 이 광경을 보고 어른들이 얼른 달려와서 응급치료를 해 주었다. 이 일로 여러 날 동안 학교에도 가지 못했다.

그러다가 주일을 맞이하였다. 하필 그 주일은 공교롭게도 주일학교에서 야외예배로 가는 날이었다. 누워서 생각하니 따분했다. 연말 주일학교 시상식에 개근상을 타야겠는데 그 날 빠지면 개근상을 받지 못하게 된다. 그래서 교회를 간다고 어거지를 써서 언니 등에 업혀 교회에 갔으나 소풍은 갈 수가 없었다.

"어떻게 하면 좋지? 소풍은 가고 싶은데……."

나는 울상이 되었다. 그럴 즈음 선생님이 나타나셨다.

"우리 너링 야외예베를 갈 수 있으니까 염려할 건 없어요."

"선생님, 하지만 전 다리를 다쳐서 걸을 수 없는 걸요."

"선생님은 벌써 알고 있단다. 너를 내가 업고 가면 돼잖아. 그래 얼마나 좋냐……."

그 날 나는 염치불구하고 선생님 등에 업혀서 소풍을 갔다. 돌아올 때도 선생님은 나를 등에 업고 집에까지 데려다 주셨다. 이렇게 사랑이 절절 흐르는 주일학교 선생님을 오랜 세월이 흘렀지만 아직도 잊혀지지 않는다. 이처럼 교사는 목자의 심정이 있어야 한다.

5 목양의 관계

　흐르는 강물에 그렇게 높지 않은 폭포가 있다. 폭포 아래에는 연어가 세 마리 있었다. 한 마리는 폭포에서 세차게 떨어지는 물 줄기를 타고 그 위로 거슬러 올라갔다. 그것은 살아서 생기 있는 연어요, 힘이 넘치는 연어다. 또 한 마리는 폭포 위로 올라가지 못했다. 그것은 힘이 약한 연어요, 병이 들어 있는 연어다. 그리고 나머지 한 마리는 흐르는 물살에 떠내려 갔다. 그것은 죽은 연어다. 마찬가지로 주일학교 교사도 연어와 비슷한 세 부류의 경우로 생각해 볼 수 있다.
　첫 번째 경우는 다른 사람이 시키지 않아도 자진해서 먼저 하는 참교사, 즉 힘이 있어 생동감 넘치는 교사가 있다.
　두 번째 경우는 다른 사람이 시켜서 마지 못해 하는 병든 교사, 즉 허약하고 나태한 교사가 있다.

세 번째 경우는 스스로도 하지 않고 누군가가 시켜도 핑계를 대며 하지 않는 죽은 교사가 있다.

어린이와 교사와의 관계를 목양의 관계라고 할 수 있다. 목자인 참교사는 생동감 넘치게 어린양인 어린이를 푸른 초장과 맑은 물가로 인도해서 잘 성장하도록 해야 한다.

부활하신 주님은 갈릴리 바다에서 다시 베드로를 부르셨다.

"요한의 아들 시몬아, 네가 나를 사랑 하느냐?"

이런 말을 세 번씩이나 반복해 물으신 주님은 베드로에게 귀중한 사명을 주셨다.

"내 어린양들을 먹이라", "내 양을 치라", "내 양을 먹이라"

하고 말씀하셨다. 교사는 주님으로부터 교사의 사명을 받았기에 목자의 심정이 있어야 한다. 목자는 부지런히 양을 보살핀다. 그리고 사랑으로 바르게 인도한다. 혹은 맹수가 나타나서 양을 해칠까해서 밤을 새우시기도 한다. 이런 목자의 행동에는 희생이 따른다. 이것이 참목자의 사명인 것이다.

참교사는 이와 같은 목자의 희생적 수고와 사랑이 있다. 어떤 전도자가 레바논 산에서 목자를 만났다. 그는 그 목자를 보자 호기심이 생겨서 한 가지를 물었다.

"당신이 얼마나 양을 잘 압니까?"

그러자 목자가 확신에 찬 말로 대답했다.

"당신이 내 눈을 가리우고 어느 양이든 데리고 오시오. 나는 내 손으로 그의 머리를 한번 만져 보고는 곧 내 것인지, 아닌지 말하지요."

그 말을 듣고 전도자는 과연 이 목자가 참목자라고 감격을 했다. 이처럼 목양의 관계를 이루려면 우선 교사는 어린이와 친숙해져야 한다. 교사가 어린이들과 친숙한 사이가 되려면 그 방법은 간단하다. 즉 교사가 교사라는 체면을 버리고 어린이가 되어야 한다. 이 말은 교사의 고매한 인격을 버리고 어린이 인성이 되라는 말이 아니다. 다시 말하면 어린이와 친숙해지도록 어린이를 이해하라는 말이다.

교사가 어른스러우면 어린이들은 접근을 하지 못한다. 그렇게 되면 자연히 거리감이 생기게 된다. 교사가 어린이와 친숙하지 못하면 소기의 교육을 달성할 수 없기 때문이다. 인간은 동질화를 좋아하며 이런 속에서 친숙이 이루어진다고 해도 과언이 아니다. 교사가 어린이들과 가장 친숙해지는 길은 무엇보다도 그들의 언어를 익히고 사용하는 것이다. 어린이들에게는 자기들 세계에서 사용하는 언어가 있다. 이 언어를 익히기 위해서 어린이 세계에 뛰어드는 일이다.

필자 역시 여러 해 동안 그런 경험을 실제로 시도해 보았다. 주일마다 어린이 예배 시간에 어린이 설교를 해야겠기에 더욱 그랬다. 그래서 때때로 코흘리는 어린이들과 어울려 보기도 했으며 길을 걷다가도 어린이들과 어울려서 노는 것을 보면 노칠새라 귀담아 어린이들의 언어를 익혔다. 교사들이 좀 정성만 보인다면 어린이의 언어를 익혀서 소기의 목적을 이루게 될 것이다. 언어의 소통은 친근감을 주고 우정을 더욱 깊게 하는 작용을 한다. 이렇게 하여 목양의 관계를 이루게 된다.

교사의 목자상

슈바이처는 자기가 받은 그리스도의 사랑을 먼 나라 아프리카에 전해 주기 위해 그곳에 병원을 설립했다. 그리고 수많은 사람들을 치료해 주었는데 병 고침을 받은 사람들의 반응은 다음과 같이 네 가지 유형으로 나타났다.

첫째 유형의 사람은 치료비를 내지 않고 그냥 도망치듯 병원을 나간다.

둘째 유형의 사람은 치료비를 내지 않고 말로만 인사를 하고 그냥 가버린다.

셋째 유형의 사람은 치료비는 커녕 오히려 집에 갈 여비나 먹을 것이나 구호품까지 요구한다.

넷째 유형의 사람은 치료비는 못내지만 집에서 가져온 실과나 바나나 등 있는 것을 조금이나마 주고 간다.

이것은 병을 치료 받고 난 후 사람들이 반응한 태도였다. 육체의 병 이상으로 죽어가는 영혼을 구원해 주신 우리 구주 예수 그리스도께 대한 사람들의 태도는 과연 어떨까?

첫번 째 부류의 사람은 하나님께 은혜를 받는 것은 좋아하지만 갚는 것은 싫어 한다. 그래서 무언가 요구를 할까봐, 책임을 맡길까봐 교회 봉사를 하기 싫어서 예배 끝나기가 바쁘게 도망치듯 가는 사람이다.

두번 째 부류의 사람은 하나님께 보답하지는 않고 매일 입버릇처럼 '주님, 고맙습니다', '하나님, 감사합니다', '하나님의 은혜입니다' 하며 말로만 하는 사람이다. 말로만 똑똑한 척, 믿음 좋은 척, 착한 일은 혼자 다 하는 척하는 사람이다.

세번 째 부류의 사람은 하나님께서 베풀어 주신 그 큰 은혜와 사랑에 보답은 커녕 줘도 모자라다고 자꾸만 더 달라고 불평하며, 기도 요청만 하는 낯 두껍고, 염치없는 사람이다.

네번 째 부류의 사람은 자신의 생명을 사랑으로 구원해 주신 하나님께 속죄의 대가는 다 갚을 수 없지만 늘 감사하는 마음으로 자신에게 있는 것으로 정성을 다해 섬기며 몸바쳐서 충성하는 사람이다.

위에서 말한 부류의 사람 중에서 교사인 나는 어디에 속하는가?

하나님께서 우리에게 어린 생명들을 맡겨 주셨다. 우리는 감사한 마음으로 어린아이들이 하나님의 뜻대로 잘 살아가도록 양육해야 한다. 그리고 어린이 주일학교 교사는 참 목자상이 되어야 한다. 목자에게는 두 부류가 있다. 참목자와 삯꾼 목자이다. 삯꾼 목자는 삯을 받고 한정된 시간과 계약에 의해 일하지만 참목자는 사명에 의해 양을 치는 애정과 헌신이 있다.

이스라엘의 성왕이라고 일컬음을 받았던 다윗은 목동으로 자라서 후에 참 목자상을 보여준 분이었다. 그는 영감으로 시편 23편을 작시한 시인으로서 하나님과 신자의 관계에서 그 사랑을 감동적으로 잘 표현하였다. 이 영감에 찬 시편 23편에서 교사의 목자상을 찾아보기로 한다.

다윗은 목자의 가정에서 자라서 목동의 생활을 했다. 이런 목동의 생활에서 성장한 다윗은 목자의 생활을 통하여 목양의 관계를 친히 체험하고 체득했다. 그는 들에서 양을 치다가 사나운 맹수가 나타나면 지체없이 생명의 위험을 무릅쓰고 맹수와 싸워서 양들을 보호했다. 그랬던 다윗이 목장의 현장에서 목양의 관계를 정립하고 여호와는 "나의 목자시다"라고 고백한다.

"여호와는 나의 목자시니 내가 부족함이 없으리로다."(1절)

다윗은 하나님을 목자로 비유한다. 목자는 양을 먹이며 인도한다. 그와 같이 하나님께서는 성도에게 신령한 양식을 먹이며 또한 구원의 길로 인도하신다. 금식을 경험한 그리스도인은 음식의 참 맛을 알게 된다. 얼마 동안 금식한 후에 물을 마셔보면 같은 물이지만 그 물이 얼마나 귀중하고 맛있는지 알게 되면서 하나님의 사랑을 더 깊이 깨닫게 된다.

하나님께서는 날마다 우리를 거느리시며 먹이시며 도와주신다. 하나님께서 "나의 목자"이시기 때문에 우리는 부족함이 없다. 하나님을 마음에 소유한 자는 천지만물을 소유한 자보다 더 큰 부자인 것이다.

"그가 나를 푸른 초장에 누이시며 쉴만한 물가로 인도하시는 다."(2절)

푸른 초장은 양들이 먹기 좋아하는 연한 풀들이 있는 곳을 가리킨다. 선한 목자는 양에게 꼴을 먹인다. 그와 같이 선한 목자이신 하나님께서는 육신의 양식만이 아니라 영의 양식도 풍성히 공급해 주신다. 영의 양식은 하나님 말씀이며 죽은 자도 살리는 생명의 말씀이다(벧전 2:2, 히브리서 5:11~14).

천천히 흐르는 물이 양들이 마시기에 편하고 건강에도 유익하다. 양들은 선한 목자를 통해서 꼴을 배부르게 먹고, 목이 마를 때 시원하게 마실 물을 얻으니 참으로 행복한 목양의 관계를 표현한 것이다.

어진 목자가 되려면 양의 특성을 잘 알아야 한다. 양들에게는 묘한 습성이 있다. 본래 양들은 생리상으로 대개 네 가지의 조건을 충족시켜 주지 않으면 양들을 편히 눕게 한다는 것은 거의 불가능하다. 그들의 네 가지 특성은 다음과 같다.

첫째, 양들은 본래 겁이 많은 동물이므로 모두 두려움에서 벗어나지 않으면 좀처럼 눕지 않으려고 한다.

둘째, 양들의 모습을 자세히 살펴보면 양들은 하나의 집단 안에서 사회적인 행동을 하는 동물이라는 것을 알게 된다. 그렇기 때문에 자기들간에 싸움이 중지 되지 않으면 누우려 하지 않는다.

셋째, 파리나 기생충으로 인하여 괴로움이 가중되면 양들은 눕지 않으려고 한다.

마지막으로 양들은 배부르게 꼴을 먹지 않으면 눕지 않으려 하며 그래서 양들은 배가 불러야만 한다.

그래서 목자는 양들과의 원만한 관계를 지속시키기 위해서는 이상의 네 가지 양들의 특성을 잘 알아서 수시로 보살펴 주어야 한다.

요즘 우리 사회에서는 관계성 회복이라는 말을 자주 사용하고 있다. 그것은 비단 인간 사회에서 뿐만이 아니라 목자와 양의 관계에서도 유효한 것이다. 양들은 여름이 되면 등에 말파리, 쇠파리 진드기 등의 해충들에게 시달려 신경이 극도로 날카로워질 수 있다. 만일 양들이 해충들에게 시달리다 지치면 누워 쉴 수가 없게 된다. 그 지경에 이르면 양들은 일어나 서서 발을 구르며 머리를 흔들어 대며 그 해충들을 자기 몸에서 떼어내려고 덤불 속으로 뛰어든다. 그래서 목자는 끊임없이 이 해충들을 감시해야 한다. 목자의 부지런한 보살핌이 있어야만 양들이 시달림을 받지 않는다. 선한 목자라면 자기 양떼를 위해서 여러 가지 형태의 구충제를 사용할 것이다. 그리고 진드기가 떨어져 나가도록 양들을 살충 약물로 잘 씻어 줄 것이다.

그런가 하면 양들이 해충들의 시달림에서 벗어나 안전하게 휴식할 수 있도록 쉴 만한 나무 숲과 덤불들이 있는 곳으로 안내해야 한다. 이렇듯이 양들을 위한 특별한 보살핌이 따르게 된다. 양들을 안전하게 보호하기 위해서 목자는 사랑하는 마음으로 시간을 들여서 수고를 해야 하며, 좋은 약품도 미리 준비해 놓아야 한다.

이처럼 목자가 양을 보살피며 기른다는 것은 결코 수월한 일이 아니다. 목자는 양들을 구해 줄 조처를 취해야 하며 따라서 대기상태의 자세를 가져야 한다. 그런가 하면 목자는 언제나 자기 양떼를 조용하고 만족스러우며 평화롭게 지켜 주려는 마음을 항상 염두에 두어야 한다. 그러기에 목자의 존재는 무엇보다도 양의 특성을 잘 알아서 그들을 푸른 초장과 맑은 물가로 인도해야 한다.

주일학교에 나오는 모든 어린이는 "어린 양이다." 그러기에 목자인 교사는, 주님이 우리에게 보여 주신 그런 사랑과 수고로 아이들을 섬겨야 한다. 어린 아이들을 잘 인도하기 위해 어린이의 특성을 다음에서 알아보기로 한다.

어린이의 특성

어린이들을 교육하려면 교사들의 필수조건 중의 하나가 어린이들의 특성과 심리를 이해하고 이를 적절하게 사용하는데 있다. 아무리 신앙이 돈독하고 실력이 있다고 해도 어린이의 특성과 심리를 잘 모른다면 좋은 교육적 효과를 기대할 수 없다. 주일학교 교사는 가능한한 어린이의 특성을 잘 파악하고 알아야 한다.

어린이 주일학교 안에는 어떤 부서에 평균층 학생이란 없다. 모든 어린이가 자란 환경이 각각 다른 가정에서 왔을 뿐만 아니라 관심사, 취미, 습관, 경험 등이 다르다. 하지만 일반적인 관심에서 살펴본다면 그들 나이에 적용할 수 있는 특징이 있다. 그러므로 교사들은 학생들을 효과적으로 가르치기 위해서 일반적인 특성을 알아야 한다.

학생들의 영적인 특성만을 단독으로 연구한다는 것은 비실제적일 뿐만 아니라 불가능한 일이다. 왜냐하면 그들의 신체적, 정신적, 사회적, 감정적인 안정이 영적인 성장에 영향을 미치고 있기 때문이다. 그러한 모든 것이 함께 어우러져 학생의 인격을 형성하고 있다.

교사들은 보편적으로 어린이의 정서나 어린이의 이해력, 그리고 어린이의 성장쯤은 지식적으로 익혀야 한다. 어린이의 정서를 말한다면 어린이의 정서는 경과 시간이 짧다. 대개 계속하다가 어느 순간에 갑자기 종식된다. 그것은 성인과는 달리 어린이는 그 정서를 동작에 남김 없이 표출하기 때문이다.

어린이의 정서는 강렬하다. 어린이의 정서는 폭발하는 특징을 지니고 있다. 그 정서적 반응에는 일반적으로 강도의 차이가 없다. 그러므로 아주 작은 자극이 매우 큰 자극과 같은 정도의 정서적 반응을 일으켜 이따금 어른들을 놀라게 한다.

할 능력이 없으면서도 무엇이든지 혼자서 해보려고 한다. 칭찬받기를 갈망하는 마음이 강하여 추켜세워 주면 잘 듣는다. 그와 같은 향상적 경향과 더불어 원시적 상태로 역행하려는 욕망, 즉 퇴화하려는 경향도 있다. 그런가 하면 맨발로 걸어 다닌다든가, 흙탕물 속에 맨발로 들어 간다든가, 물건을 파괴한다든가 하는 것을 좋아한다.

어린이 특성을 많이 알면 그만큼 어린이를 잘 이해할 수 있고, 그 시기에 적절한 가르침을 줄 수 있다. 그럼으로 어린이의 특성을 좀더 자세히 알아보자.

1. 유년부 어린이들의 특성(7-9세)

"엄마, 이가 막 흔들 거려요."
다음 날 아침이 되었다.
"엄마, 이가 빠졌는데 이거 어떻게 해요?"
　유년부 어린이들은 학년 초에 앞니가 하나씩, 둘씩 빠져 있는 경우가 많아서 균형이 맞지 않고, 어딘가 좀 우스워 보이며, 보기만 해도 개구장이처럼 보이지만 그들은 배우고, 성장하고, 흥미를 느끼고 행복해 하는 아이들이다. "그저 마냥 즐거운 아이들" 이 유년부 어린이들인 것이다. 유년부 교사는 이 천진난만한 어린이들을 위해 일하며, 어린이들과 함께 배우며, 어린이들 속에서 교육하는 즐거움을 가질 수 있다.

1) 신체적인 발달
　유년부 초기의 아이들은 힘이 세지 못해서 힘이 드는 활동을 하면 쉽게 피곤해 한다. 이 시기의 아이들은 성장이 불규칙하며 특히 심장은 다른 신체 부위에 비해 성장이 더디다. 잘 성장한 유년부 고학년의 경우에는 그 힘이 급속히 세어져서 두 배정도까지 강해 질 수 있다. 3학년 정도의 남자 아이들은 활동이 거칠고, 놀이가 주로 열정적이고 충돌적인 것들이 대부분이다. 반면에 여자 아이들은 인형놀이라든지 소꿉장난 같은 정적인 놀이를 더 좋아 한다.
　이 시기의 아이들은 한창 자라나는 중에 있기 때문에 매우 활동적이다. 관심과 흥미가 있는 곳에 10~15분 정도 집중할 수 있지만 그 이상은 본성적으로 가만히 있지 못한다. 생각하는 것보다는 자신이 직접 참여해 보려는 욕구 때문에 활동하기를 원하지만 쉽게 피곤해 한다. 그럼에도 불구하고 쉬려고 하지 않는다. 이런 어린이들이 어른처럼 오랫동안 계속 조용히 앉아 있는 것은 오히려 이상한 현상이다. 그렇기 때문에 예배와 학습계획과 활동은 언제나 이런 특성을 마음에 두고 세워야 한다.

2) 사회- 정서적인 발달

특히 초등학교에 들어간 어린이들은 자기 자신과 다른 어린이들과 관계를 발견하기 시작하면서 정서적인 안정이 크게 향상된다. 그들은 정서적으로 아주 쉽게 자극을 받으며 곧바로 반응을 보인다. 아이들은 그룹에 속하려는 강한 욕망을 가지고 있기 때문에 교사는 이런 동기를 이용하여 보다 나은 사회적 행위를 가르칠 수 있다.

이 시기의 아이들은 다른 사람이 자신의 행동에 대해 어떤 반응을 보이는지 알려고 한다. 그래서 때로는 치근거려 보기도 하고, 안겨 보기도 하고, 공격적인 행동을 보이기도 한다. 이런 행동들은 다른 사람들과 친해지기 위해 취하는 서투른 시도일 경우가 있다.

그들이 반응을 보기 위한 공격적인 시도가 때로는 다른 사람의 분노를 일으켰을 때, 그들은 당황해 한다.

"선생님, 저 애가 나를 때렸어요."

"선생님, 저 애가 자꾸만 건드려요."

라고 말할 때 교사가 가장 쉽게 취할 수 있는 반응은 어느 아이가 잘못 했는가를 알아서 그 아이를 꾸짖거나 벌을 줄 것이다. 그러나 이렇게 하면 어느 아이에게도 더 좋은 사회성을 가르쳐 줄 수 없다. 사소한 다툼에서 교사가 심판자의 역할을 맡게 되면 정력과 시간을 더 유익한 가르침으로부터 빼앗기게 된다.

이때는 불평하는 아이로 하여금 스스로 그 문제를 해결할 수 있는 방법을 찾을 수 있도록 도와주는 편이 바람직하다.

"어떻게 해주면 좋겠니?"

"그러면 누구와 같이 앉기를 원하니?"

이렇게 그 아이가 스스로 원하는 것을 선택할 수 있도록 도움의 말을 해줄 수 있다. 그러나 아이들은 어른이 생각하는 것처럼 자리를 늘 바꾸는 것만을 선택하지는 않는다. 때로는 자기를 때린 친구의 옆자리를 원하기도 한다. 그것은 그 아이와 싸움을 걸어서 선생님이 자기편을 들어 줄 것을 기대하는 마음도 있다. 이때 교사가 야단을 쳐서 제지시키는 것보다는 스스로 그 문제를 해결할 수 있도록 도와주면 그 아이는 사회적으로 한 단계 성숙한 발걸음을 내딛게 된다. 이 시기에는 어린이 스스로 자기 문제를 해결해 나가도록 가르쳐 주고 칭찬과 용기를 북돋워 주는 것을 아끼지 말아야 한다.

어느 특정한 어린이가 다툼의 대상이 될 때 "그렇게 하지마. 네가 잘못했어. 사과해.", "그렇게 하면 안돼." 라는 말보다는 그 아이에게 좀더 나은 행동할 수 있는 방법을 가르쳐 주어야 한다. 그 아이가 다른 아이에게 나쁜 행동을 하고, 괴롭힘으로 인해 다른 사람의 관심을 얻으려는 것이 얼마나 어리석은 일이며, 그보다는 착한 일을 했을 때 다른 아이들이 그를 더 좋아하게 되고, 그가 더 큰 기쁨을 얻게 된다는 것을 깨닫도록 도와주어야 한다.

유년부 아이들은 읽고 쓰는 것을 배운다. 유치부 때보다도 집중하는 시간이 길어지고, 추리력에도 눈을 뜨기 시작하여 이치를 따지려고 한다. 동화보다는 정말 있었던 사실들을 좋아하며, 모든 일에 호기심과 상상력이 풍부하고 기억력이 좋다. 다른 사람과 놀고 싶어하고, 이야기 싶어하고, 친구를 사귀고 싶어하고, 빨리 어른이 되고 싶어한다.

유년부 아이들은 처음으로 학교 생활을 시작하는 시기이다. 따라서 교사들은 어린이들에게 다른 사람과의 관계에서 어떻게 행동해야 하는가에 대한 많은 가르침이 필요하다. 그래서 어떤 일에 참여할 수 있는 기회를 많이 마련해 주고, 또한 다른 아이들과 관계를 맺을 수 있는 여건을 제공해 주어야 한다.

3) 영적인 발달

유년부 교사의 대부분이 "거듭남"을 경험할 수 있는 특권을 가지고 있다. 정상적인 교육을 동반한다면 약간의 아이들은 유치부 시기에, 대부분의 아이들은 유·초등부 시기에, 그리고 나머지 약간의 아이들은 중·고등부 시기에 구원을 받는 것이 일반적이다. 이렇기 때문에 유년부 교사는 예수님을 개인의 구주로 영접할 수 있도록 준비시켜 주고 구원에 초청해 주어야 한다. 나중에 내가 가르친 아이를 천국에서 다시 만날 수 있다는 기쁨은 생각만 해도 신이 난다. 교사는 아이들의 하얀 종이 같은 깨끗한 마음에 예수님을 그려주며, 예수님처럼 따라 살아갈 수 있도록 용기를 북돋아 주어야 한다.

이 시기의 아이들은 대개 주일학교 가는 것을 좋아한다. 교회에 가면 다른 친구들을 볼 수 있고, 자기를 반갑게 맞아 주는 선생님을 보고 싶어하고, 말씀과 예배를 통하여 하나님을 만나는 것을 기뻐하고, 재미있게 들려주는 성경 이야기도 듣고 싶어한다. 하나님은 어떤 분이신가? 예수님은 누구신가? 우리는 어떻게 예배드릴 수 있는가? 기도는 어떻게 드려야 하는가? 이런 것들을 듣고 배우고 싶어한다. 이런 과정을 통해 하나님을 알아가는 속도도 빨라진다.

이 시기의 아이들은 하나님에 대해 조금씩 알아가며 자기와 관련 지을 줄을 알게 된다. 그러므로 이제까지 예수님을 알지 못하는 어린이는 예수님을 자신의 구세주로 영접할 준비를 할 수 있다. 예배를 통해 예수님의 사랑과 죄에 대한 용서, 기쁨, 평안 등을 알게 된다. 죽음과 천국에 대한 호기심도 갖게 된다. 성경 말씀을 많이 이해하고 깨닫게 됨으로써 선과 악에 대한 개념도 발달하기 시작한다. 악한 사람을 싫어하고 착한 사람이 되기를 원한다.

2. 초등부 어린이들의 특성(9~12세)

초등학교 때의 일이다. 나를 지도하는 선생님은 짧은 머리에 덩치가 무지 큰 여선생님이셨다. 초등학교 6학년이면 예쁜 선생님을 좋아했을 법도 하지만 난 남자 같은 그 여선생님을 좋아했다. 큰 눈이 예쁘고 착해 보이셨다. 웃는 모습이 너무너무 좋았던 그분이 내 마음을 사로잡았다. 초등학교를 졸업할 무렵 친구들과 모여 계획을 세웠다.

"이제 우리도 다 컷으니까 어른들이 하는 철야예배를 보는 게 어때?"

"좋아 좋아, 중학생이 되면 우리도 철야예배를 할텐데 뭘?"

내가 다니는 교회는 중학생이 되면 기도회에도 참석했다. 우리는 곧 성인이 금방이라도 될 것처럼 어깨를 으쓱대며 동갑나기 남자 친구들과는 놀아주지도(?) 않았다.

"그런데…… 난 기도할 줄 몰라. 그렇게 긴 시간을 어떻게 기도해?"

"넌 그냥 앉아 있어. 내가 네 기도까지 다 해 줄게."

"난, 무서워. 어떤 아줌마는 기도할 때 이상한 소릴 낸단 말이야."

"바보야, 그게 방언이란 거야. 어른되면 누구나 다해."

"그래, 우리 엄마도 해, 우리 이 기회에 열심히 따라해서 배워 보는 게 어때?"

"좋아 좋아."

우리는 기대로 가득차 있었다. 시간이 되어 우리는 맨 앞줄 자리를 잡았다. 목사님을 비롯해서 모두들 우릴 칭찬해 주었다. 교만해진 친구들은 (물론 나를 포함해서) 알지도 못하는 찬송가를 열심히 손뼉도 쳐가며, 몸도 좌우로 흔들며, 그야말로 어른들 흉내내기에 바빴다.

드디어 개인 기도시간이 되자, 기도해 주겠다던 친구도, 무섭다던 친구도, 방언을 배워 보겠다던 친구도, 모두들 엄마 옆에서 잠들고 말았다. 기도실은 그야말로 울부짖는 사람, 방언하는 사람, 찬양하는 사람들 소리에 정신이 없었다. 나는 기도는 커녕 어른들의 모습을 보며 신기함 속에 빠져들고 말았다.

그런데 어둡고 시끄러운 중에 한쪽 구석에서 유난히 내 시선을 끄는 사람이 있었다. 그분은 내가 그토록 좋아했던 여선생님이셨다. 나는 선생님 옆으로 가서 앉자 고개를 숙이고 나즈막히 기도하는 선생님을 보기 위해 두 손을 바닥에 대고 고개를 숙여 엎드린 자세로 조심스럽게 바라보았다. 그런데 그렇게도 웃는 얼굴이 아름다웠던 선생님의 눈에서 비누방울 만한 눈물이 뚝뚝 떨어지고 있었다. 뭔지 모르지만 내 가슴이 미어지는 것 같았다. 선생님을 흔들어 깨워서 "무슨 일 있으세요?" 라고 묻고 싶었다. 그런데 시끄러운 중에도 선생님의 나즈막히 기도하는 소리가 내 귀엔 분명히 크게 들려왔다.

"하나님, 우리 재경이가……."

"뭐? 우리 재경이? 내가 왜? 난 아무런 잘못도 하지 않았는데…… 왜 저렇게 울면서 기도하시는 걸까?"

정말 답답했다.

"그냥 선생님을 깨울까? 난 잘못한 것이 없다고 이야기 할까?"

어찌 되었든 조금 더 들어보아야 겠다. 그런데 그 순간 선생님의 성경책 위에 종이가 놓여져 있는 것을 발견했다. 희미한 불빛이 있는 방향으로 보았는데 그 종이에는 나뿐만 아니라 우리 친구들의 이름이 다 적혀 있었다. 그리고 이름을 한 명 한 명 부르며 눈물로 기도해 주셨던 것이다. 감정이 풍부했던 나는 나를 위해 눈물로 기도하시는 선생님을 보며 펑펑 울고 말았다. 그리고 내 마음속에 작은 소망의 싹이트기 시작했다.

"나도 저 선생님처럼 착하고 예쁜 선생님이 될거야."

그분은 좋은 일도 많이 하시는 분이다. 돈이 없어 학원에 다닐 수 없는 중·고등학생들에게 교회에서 시간을 정해 공부도 도와주고, 그들의 이야기를 들어 주고 함께 기도해 주며 학생들에게 길잡이 역할을 해 주셨다. 선생님은 그런 일을 알리지 않으셨지만 아이들의 부모를 통해서 알려지고 나는 그분을 더욱 존경하게 되었다. 그분은 언제나 나의 모델이었다.

(서울 고척동에서 보내 준 김재경 교사의 글입니다.)

초등부 아이들은 좋은 건강을 가지고 있으며 쉽게 피곤해 하지 않으며, 유년부 아이들처럼 많은 질병에도 잘 감염되지 않는다. 아직도 불안정해서 떠들고 싸움을 좋아하고, 집안이나 교실 안에 가만히 있을 수가 없어서 밖으로 나가기를 좋아한다.

초등부 아이들은 생활이 너무나 바쁘고 복잡해짐에 따라서 당연히 신체적 관심사를 무시한다. 따라서 자기 몸을 돌보는 일과, 자기 소유물인 옷, 책가방, 양말 등을 아무 곳에나 던져 버린다. 또한 새롭고 도전적인 것들을 즐기고 신나고 재미있는 것을 할 때는 소리를 질러대야만 건강한 아이들이다.

1) 신체적인 발달

초등부 아이들은 신장은 출생시의 2.8배 정도로 커지고, 체중은 약 8배, 머리 둘레는 성인의 95%까지 성장하여 어릴 적 모습은 거의 사라져 버린다. 초등부 고학년에 있는 여자 어린이들은 급속한 성장을 하여 얼마간은 남자 어린이들보다도 키가 더 크다. 이 시기의 아이들은 뛰어난 건강을 유지하고 신체적으로 힘이 세지고, 느리지만 꾸준한 성장을 한다. 도전을 즐기고, 흥분과 신체적 활동을 갈망한다.

초등부 아이들은 다양한 활동과 경험, 특히 집안보다는 집 밖에서의 활동과 경험을 필요로 한다. 모든 삶의 영역에서 행동파이기를 원하며 무엇인가 하기를 원한다. 결코 지치는 법이 없이 항상 활력이 넘친다. 활동을 많이 하기 때문에 적당한 식사와 운동, 신선한 공기, 햇빛, 휴식을 충분히 취해야 한다.

이들은 선의의 경쟁을 즐기면서 자기의 능력에 도전하고 싶어한다. 그러므로 한 번 시작한 것은 자기 스스로 끝내고, 자기가 시작한 일을 무엇이나 성취할 수 있도록 격려해야 하며, 개인적인 우승자나 낙오자로 만들기보다는 그룹 단위에 중점을 두는 것이 바람직하다.

어린이들의 왕성한 활력과 뛰어난 건강을 가치 있도록 변화시켜 주어야 한다. 초등부 어린이들을 좁은 방 안이나 교회 안에만 쪼그리고 앉아 있게 가두어 두어서는 그들을 만족시킬 수 없다. 이들은 다양한 활동과 경험을 필요로 하기 때문에 그런 기회를 제공해 주어야 한다. 여름·겨울 성경학교는 하나님의 진리를 가르쳐 주는 좋은 기회다. 이런 외부 활동을 통해서 아이들이 하나님의 법을 발견하고 하나님을 창조주로 인식하는 생각이 발달하게 된다.

2) 정서적인 발달

초등부 아이들은 정신적 성장과 함께 자기의 감정도 자유롭게 표현한다. 이 시기의 정서적인 발달을 살펴보기로 한다.

경쟁심을 갖게 된다. 학구열과 취미뿐만 아니라 달리고 뛰는 데서도 경쟁심을 갖는데 이것은 높은 동기부여가 된다. 그러나 이것이 열등감으로 변하기도 한다. 이때 교사나 부모는 아이에게 자신감을 심어주는 중요한 역할을 해야 한다.

쉽게 흥분하며 인내하지 못한다. 아이들은 쉽게 말싸움을 벌이고 금새 풀어진다. 자기의 욕구가 충족되지 않으면 신경질적

이되고, 엉뚱한 말을 한다. 따라서 인내력 있고, 다른 사람과 자신의 권리와 감정을 존중해 주는 지도자가 있어야 한다. 아이들은 사실에 대한 지식을 기초로 하여 건전한 판단을 내릴 수 있도록 도움이 필요하다.

자신의 감정을 밖으로 나타내기 싫어하기도 한다. 초등부 고학년 아이들은 애정의 감정마저도 나타내기를 싫어 한다. 자기가 무서움을 타지 않는다는 것을 보여주기 위해 용감한 행동을 한다. 그러나 역시 어두움을 두려워 해서 밤에 혼자 있는 것을 무서워 한다. 이때 다른 사람들도 역시 두려워 하는 것이 있다는 것과 하나님께서 자신에게 필요한 용기를 주신다는 것을 믿을 수 있게 해야 한다. 자기가 어려움에 처해있더라도 자기를 불쌍히 여겨 주기를 원하지 않는다.

유머를 좋아한다. 웃을 때는 다른 사람들보다 더 크게 웃는다. 그러나 때로는 자기가 말하는 농담의 의미를 잘 이해하지 못하기도 한다. 따라서 이 시기의 아이들에게 모든 일이 유쾌한 것만은 아니라는 것이다. 그러므로 다른 사람의 감정을 손상시키는 농담을 해서는 안된다.

아이들은 항상 새로운 일에 호기심과 탐구심을 가지고 모험, 물건 수집, 역사 이야기, 위인들, 화재, 살인, 운동, 탐정 등에 관심을 가지고 있다. 특히 위인들을 존경하며 위인들이 어려움을 극복하고, 업적을 이루고, 용맹성을 보여준 것들을 본 받으려고 하고, 그런 것을 자기의 이상형으로 꿈꾸게 된다. 또한 용맹성을 보여준 위인들과 자신을 동일시 한다. 아이들은 도움을 받으면 더욱 큰 위대성을 추구하게 된다. 그들은 자신이 이러한 위대한 자질을 갖고 있으며, 그런 자질을 계발시켜야 한다는 사실을 알 수 있다.

언어 능력의 발달과 수 개념의 발달, 지능 발달에 차이를 가져오며, 다른 아이들과 비교하여 경쟁심을 가지게 된다. 이 경쟁심은 아동들에게 학구열이나 운동, 취미에도 진보를 가져 오게 할 수 있는 반면에 열등감과 수치심을 느끼게도 한다. 교사들은 아이들에게 자신의 가치를 인식시켜 주며, 자기 존재의 중요성과 자신감을 심어 주어야 한다.

이 시기의 아이들은 사물과 사건들이 어떻게 같이 조화를 이루는지 깨닫기 시작한다. 이들은 인과법칙을 이해하고, 시간, 공간, 위치, 거리 등에 대해 역사적, 연대기적 감각을 가지며 현실의 사건들에도 관심을 갖는다.

아이들의 기억의 능력은 훌륭하다. 교사들은 이러한 점을 잘 활용하지만 그들의 기억능력에 의존하여 그밖에 다른 학습을 소홀히 하는 것을 조심해야 한다.

3) 사회적인 발달

초등부 어린이들은 사회적인면에서도 두각을 나타낸다. 그들은 다른 사람의 관점과 감정을 알 수 있기 때문에 진정한 동정심을 가질 수 있다. 하지만 불안정하고 서투른 사회성 때문에 종종 경솔한 것처럼 보인다. 사회성을 길러 주는 방법으로는 아이들의 말싸움, 불량스런 궤계, 그밖의 것들에 대해 계속해서 처벌하는 것보다는 좋은 방법으로 행동하는 것을 보여 줌으로써 더 큰 교육 효과를 얻을 수 있다.

반에서 짓궂은 아이가 있다면 교사는 그 반에서 다른 아이들에게 없는 좋은 점들을 인정해 준다면, 아이들은 교사를 통해 서로에 대한 좋은 면을 인정하는 것과 그것을 표현하는 방법을 배우게 된다. 모든 사회성에 있어서 아이들은 교사의 모범을 보고 배운다.

이 시기의 아이들은 이성을 굉장히 싫어한다. 장난하기를 가장 좋아하며 또래들끼리 우르르 몰려 다니기를 좋아한다. 저학년 때에 부모와 교사의 관계에 무게를 두었던 데서부터 독립하고 싶어하며, 자기 또래들끼리 또래 집단을 형성하여 동료의식을 가지고 떼 지어 놀기를 원한다.

"삼총사"를 만들거나 어떤 그룹 만들기를 원하며, 자기 그룹에 아주 충성스럽고 그 일원으로서 권리를 보호할 만반의 태세를 갖는다. 동시에 그 그룹에서 떨어져 나갈까봐 두려워 한다. 자기들만의 언어, 암호, 비밀 장소 등을 갖기를 원하기도 한다. 그러나 오래 지속되지 않는다. 왜냐하면 그들의 관심은 끊임없이 변하기 때문이다. 또래 집단에 적응하기 위하여 자기 나름대로 필사의 노력을 아끼지 않으며, 또래 집단은 자신을 비추는 거울의 역할을 하게 된다.

우호적이고 사교적이고 참여 의식이 강한 어린이일수록 인기가 있고, 수줍어 하고 후퇴적이고 무관심한 아이는 인기가 적다. 인기를 얻기 위해서 노력하는 아이와 어울리지 못해서 외톨이가 되고 의기소침한 아이들이 생긴다.

근면성을 길러 주어야 한다. 이 시기에 정상적인 근면성이 길러지지 않으면 도리어 열등감과 아울러 위축된 어린이로 자랄 수가 있다. 책상에 앉아서 숙제를 끝 마칠 때까지 집중하여 움직이지 않는 습관을 길러 주어야 한다.

산만한 어린이는 교사 옆에 앉게 해서 조용히 하게 하여 점차 할 수 있다는 자신감을 가지고 시간을 늘려 줄 때 근면성을 길러 줄 수 있다. 아주 산만한 어린이는 부모에게 도움을 요청하여 교사와 부모가 힘을 모아 같이 도와주어야 한다. 근면성은 아동에 대한 교사와 부모의 태도 여하에 따라 열등감으로 바뀔 수도 있다. 인내를 가지고 계속 격려해 주면, 그 아이는 점차 근면성이 자리잡아 가게 된다. 하지만 때마다 간섭과 중단을 받는 아이는 열등감을 가지게 된다. 그러므로 부모나 교사가 인내를 갖고 끊임없이 격려해 주는 것이 절실히 필요하다.

앞에서도 언급했듯이 사회성에 있어서도 어린이들은 교사의 가르침과 교사의 모범적인 삶을 보고 배운다. 특히 초등부 아이들은 자기에게 관심을 가져주며, 유머 감각이 있고 같이 어울려 놀아 주는 선생님을 좋아한다. 그리고 자기를 놀려 주거나 들들 볶는 선생님은 좋아하지 않는다.

4) 영적인 발달

이 시기에 예수 그리스도를 믿고 영접하지 못하면 곧 다가올 사춘기 때에는 영적인 회의(懷疑)로 방황하기 쉽다. 그러므로 교사는 예수 그리스도를 많이 영접하는 이 시기의 어린이들에게 많은 관심을 기울여야 한다. 그들은 예수님을 알고 따를 수 있고, 성경말씀을 읽고, 기도를 드리며 찬송하는 것을 잘할 수 있다. 그들은 하나님께서 주신 재능으로 각자 최선을 다하기를 원하신다는, 보다 높은 원리를 이해할 수 있다.

그들은 종교성이 매우 강하여 기독교에 대해서 많은 질문을 한다. 죄를 인식할 수 있고, 다른 사람의 죄를 잘 볼 수 있으며, 착한 일을 좋아하고, 의리있게 행동하기를 원한다. 옳고 그름에 대한 판단이 생기기 시작하며, 행동의 동기를 이해할 수 있다. 아이들은 자신이 속해 있는 사회 생활에 있어서 적당한 규칙을 두기를 원한다. 따라서 교사는 아이들이 삶에 있어서 규칙을 세워 나가는 것을 도와줌으로써 영적인 성장에 큰 도움을 줄 수 있다.

교사는 자기의 잘못을 인정해야 하며, 자기의 죄를 고백함으로써 아이들도 자신의 죄를 고백할 수 있는 용기를 갖도록 해줌으로써 하나님께로 향하는 믿음이 서서히 성장하도록 이끌어 주어야 한다.

심방의 종류

1. 어린이 대심방

어린이들에게도 대심방이 필요하느냐고 반문을 제기하는 사람도 있겠지만 어른만큼 어린이에게도 대심방이 절실이 필요하다. 어린이 대심방은 어린이들의 신앙생활에 도움이 될 뿐더러 그 가족에게도 유익이 된다.

대심방은 어린이들의 가정을 전체적으로 찾아보는 것을 대심방이라고 한다. 무슨 일이 있든지 없든지 가리지 않고 전체적으로 심방을 모두 해야 한다.

어린이 대심방의 시기는 새학기가 시작되는 3월이 좋다. 일반 학교에 맞춰서 주일학교에서도 등반이 되고 혹은 교사들의 변동이 있게 되므로 3월이 가장 적절한 시기라고 할 수 있다. 대개 교회에서는 장년 중심의 대심방이 1년에 봄, 가을로 두 차례가 있으나 어린이 주일학교의 경우 새학기를 기준으로 하여

1년에 두 번이 좋을 것이다.

　대심방은 모든 심방 중에 가장 대표적이요, 또한 근본적인 심방이다. 대심방을 통하여 어린이나 그 가정의 신앙생활의 상태나 혹은 변화되는 실정을 파악한다. 따라서 교적부 정리도 이때 병행하는 것이 좋다. 그러면 심방대원은 몇명이면 좋을까? 교사는 각반의 반장, 부반장으로 3명이 이상적인 수라고 할 것이다. 하지만 교사 중 심방에 위축된 교사는 보조 교사와 동행하는 것도 무방하다.

2. 특별한(문제아) 아이 심방

　아인시타인은 어렸을 때 말을 아주 늦게 해서 네 살 때까지 그의 아버지조차도 그를 「저능아」로 알고 있었던 듯했다고 한다. 학령기가 되어서도 머리의 회전이 늦고 비사교적이어서 초등학교 1학년 담임 선생님은 「이 어린이로부터는 아무런 지적 업적도 기대할 수 없다」는 기록을 남겼다. 나중에는 그가 학급에 있으면 다른 학생에게 방해가 된다는 이유로 더 등교하지 않는 것이 좋겠다고 이야기할 정도의 열등아였다고 한다.

　유태인들은 아이들이 다른 아이들과 함께 어떤 틀에 맞춰나가는 것을 바라지 않는다. 다른 아이들과 틀리는 아이로 성장하는 것이 그 아이의 미래를 위한 일이라는 것을 굳게 믿기 때문이다. 서로 우열을 위해 겨루는 한, 이기는 자는 늘 소수 이지만 남과 다른 능력을 가지면 모든 사람은 서로 인정을 받고 협조하여 함께 더불어 살 수 있다는 것이다.

아인시타인은 다른 아이들과 비교하여 가르치는 선생님으로부터 아둔하다고 경멸 당하면서 열 다섯 살 때까지 유크리드, 뉴튼, 스피노자, 데카르트 같은 사람들이 쓴 책들을 읽고 있었다. 나중에 그는 그때를 기억하며 "나는 강한 지식에 대한 욕망을 가지고 있었다" 라고 말했다. 그렇지만 그 당시에는 아무도 그것을 알지 못했던 것이다. 만일 그가 다른 아이들과 같이 될 것을 강요 당했더라면 그의 재능은 빛을 보지 못하고 사라졌을지도 모른다.

일반적으로 문제아라고 말하지만 필자는 그런 말보다는 독특한 아이나 특별한 아이로 부르기를 원한다.

성장과정에 있는 어린이들에게는 때로는 특별한 행동을 일으키는 경우가 있다. 그래서 교회에서 심술 부리는 아이, 친구들에게 트집 잡고 싸우는 아이, 장난으로 아이들을 괴롭히는 아이, 그리고 예배 시간에 호들갑을 떠는 아이들로 이런저런 일들을 일으키는 아이들을 접하게 된다.

이런 행위를 보고 교사가 훈계를 하지만 오히려 극성을 부리는 어린이가 있다. 이런 어린이는 교회에서 하나님 말씀을 들으며 곱게 착하게 자라는 어린이들에게는 심지어 장애 요인으로 보일 수도 있다. 그런데 이런 특별한 아동의 심방을 교사는 어떻게 하느냐가 심한 부담이 될 때가 있다. 심방을 하게 되면 으레 부모나 가족 식구를 만나야 한다. 어느 부모든지 자녀의 문제성을 지적하면 좋아할 사람이 없다.

특별한 아동을 심방하는 것은 쉬운 일이 아니다. 그러기에 교사는 이런 특수성이 있는 어린이를 심방할 때는 미리 기도로 준비하고 십자가 군병답게 복음으로 무장을 해야 한다. 아무리 독특한 아이일지라도 문제성만 있는 것이 아니라 장점도 있게 마련이다. 이러한 장점을 심방의 현장에서 지혜롭게 활용하는 것이다. 어린이들의 심성에는 칭찬받는 것을 좋아한다. 독특한 아이에게 이를 잘 사용하면 고무시키는 기회가 되어 교사와 어린이들간의 부드러운 관계가 이루어진다.

"경우에 합당한 말은 아로새긴 은쟁반의 금사과니라"
(잠언 25:11)

잠언서에서 교훈하는 말이다. 심방을 가서 독특한 아이에 대한 이야기를 부모에게 단도직입적으로 하는 것은 인간 관계의 분위기를 저해할 우려가 있다. 그러기에 심방하는 교사는 주변 환경을 미리 고려해야 한다. 심방하는 현장에서 부모와 가족을 만났을 때 어린이에 대한 칭찬부터 하는 것이 좋다. 이렇게 하여 분위기의 조화가 이루어지면 그때 서서히 독특한 성격을 이야기하여 부모의 도움과 친밀감을 이루어 놓는 것이 좋다.

심방 후에는 독특한 아이에 대하여 관심을 갖는 것이다. 사람은 누구나 자기에게 관심을 갖는 것을 은근히 기대한다. 관심을 가졌다는 것은 상대의 어린이를 이해하는 표시요, 사랑의 표시라고 할 수 있다.

3. 유고 심방

유고 심방은 특별한 심방 중의 하나이다. "유고란 그 어휘의 뜻이 탈이나 사고가 있음"을 말하며 그렇기 때문에 심방의 종류 중 매우 중요한 심방이다. 이 유고 심방의 경우, 신속히, 적절히 유효하게 시행함으로써 어린 신자를 잃지 말아야 한다. 어린이라고 할지라도 유고 시에 교사의 심방이 없으면 섭섭하게 생각하게 될 뿐만 아니라 낙심하게 된다. 그것이 후에는 불평, 불신으로 비화되어 탈선할 우려가 있기 때문이다. 그러기에 교사는 어린이들의 유고 여부를 바로 알아야 하고, 또한 빨리 알아서 조치를 취 하는 것이 현명하다.

4. 출석 독려 심방

출석을 독려하는 심방은 새로 예수를 믿기로 작정한 어린이나 혹은 믿음이 아직 연약한 어린이나 가정을 찾아 주일학교에 열심히 나오도록 독려하는 심방이다. 그리고 장기 결석하는 어린이도 여기에 포함된다. 신앙생활의 기본적인 행위 훈련이란 먼저 교회 출석에서부터라고 할 것이다. 모이기를 피하는 것은 큰 잘못된 습관이다(히10:25). 그러므로 교회에 열심히 출석하도록 독려해야 한다.

우리 나라에 최초의 여성 사학을 세운 김정혜 씨가 있다. 지금으로부터 120년 전 그녀는 예수를 믿고 교육계에 들어갔다.

그녀가 살던 곳은 개성 해나무 골이었는데 그의 집에는 어린 과부들의 출입이 잦았다. 김정혜 씨 나이 14세에 과부가 되었던 터에 그녀는 자기와 같은 어린 과부를 돕는 일에 인색치 않았다. 그런 일을 하다 예수님을 믿고 자신의 사명을 깨달았다. 그래서 그녀는 있는 재산을 송두리 채 털어서 사학을 세운 것이 송계학당이었고 후에 정화학교로 개명이 된다. 그런데 정화 여학교가 유명해진 것은 김정혜 교장의 학생 심방이었다.

그녀는 크리스천으로서 교회의 심방법을 학교에 도입을 한 것이다. 그의 독려 심방은 실로 감복할 지경이었다. 교장 외에 교사들이 많이 있었지만 자신이 직접 나서서 심방을 했던 것이다.

어느 날 조순희라는 학생이 학교에 오지 않았다. 매일 등교해서 교실을 기웃거리며 학생들의 출석여부를 지켜 보던 그는 그 학생의 결석 원인이 궁금하여 즉시 가정심방을 했다. 조순희는 병으로 누워 있었다. 김정혜 교장 선생님은 그 날 조순희 학생을 위해 꼭 열 한 번을 찾아가서 문병심방을 했다. 조순희는 교장 선생님이 아침부터 밤까지 자기를 염려하여 문병하는 것에 탄복하여 아픈 몸으로 다음 날 학교에 등교했다.

이렇게 해서 김정혜 씨는 정화학교의 터를 견고히 했던 것이다. 모름지기 출석 독려 심방은 교회에 나오지 않은 어린이들에게 교회로 나오게 이끌어 주며 신앙지도를 해주어야 하는 것이다.

5. 특별 심방

특별 심방이란 어린이 주일학교의 특별한 행사나 봉사할 일, 또는 어린이들간의 친교를 위한 교제 그리고 특별한 화합 등의 권유를 위하여 필요한 경우에 이를 실시하게 된다.

필자의 경우 어린이 지도를 하는 동안 해당 어린이 주일학교에서 1년에 서너차례 직접 특별 심방을 한다. 5월은 어린이 주일학교에서 가장 "피크"를 이루는 계절이다. 5월은 어린이 주일과 어버이 주일이 있기 때문이다.

필자는 교회에서 매년 어린이 주일에 모범 부모를 선정하여 「모범 부모상」을 시상했다. 그래서 모범 부모를 선정하던 중에 제1회 모범 부모상으로 이춘영 씨 부부를 선정하였다.

이춘영 씨는 장로이고 계봉숙 씨는 집사로 신앙생활에서 크리스천 부모답게 규범을 보였다. 교회 바로 위에 있는 창천 아파트에 살며 삼 남매를 어린이 주일학교에 보냈다. 이들 삼 남매가 주일예배와 수요예배 주일, 새벽예배에 빠지지 않고 참석하는 모범적인 신앙생활을 보여 주었다. 이러한 가정을 마음에 두고 그 가정에 특별 심방을 했다.

이춘영 장로는 연세대학교 교무과에서 근무하는 직원이었다. 심방을 통하여 두 분의 신앙교육의 열정을 어림해 볼 수 있었다. 심방 후에 그 사정을 교사 회의에서 거론하여 이 장로 부부를 모범 부모상 대상으로 정했다. 그리고 최종적으로 교장에게 의견을 타진한 후에 그해 5월 어린이 주일에 모범 부모 수상식을 가졌다.

그밖에 어린이 주일학교에서는 어린이 신앙훈련으로 여름. 겨울 성경학교라든지, 어린이 모임들이 있을 수 있다. 이런 행사를 위해 교사들의 특별 심방이 필요하다. 특히 어린이 여름. 겨울 성경학교 때에는 특별 심방이 필요하다. 왜냐하면 부모가 안심하고 성경학교에 자녀들이 참석할 수 있게 그 내용을 미리 알려 주는 일이 필요하기 때문이다. 그래서 부모의 협조로 받는 것이 좋다.

6. 편지 심방

초대교회 당시에는 주요 통신 수단이 편지를 주고받는 것이었다. 성도들의 신앙을 격려하기 위해 사도들이 서신을 보냈다. 신약성경에서 사복음서를 제외하면 대부분이 서신들로 이루어져 있다. 편지들을 통해 성도들이 어려움을 겪을 때 담대하라고 격려해 주고, 그들이 신앙 안에서 여러 가지 문제점을 어떻게 해결해 나가야 하는지, 신앙생활을 어떻게 하는지 등을 글을 통해 알려주었다.

어떤 분은 어릴 때 선생님께 받은 편지를 몇십년씩 앨범에 간직하고 계신 분들도 있다. 말로 표현하기 어려운 것을 글로는 잘 표현할 수있는 장점도 있다. 그리고 오래 간직할 수 있다. 아이들이 학교 생활에서나 신앙생활에서 어려움을 느낄 때 그들에게 위로와 소망을 주는 한 통의 편지는 굉장히 큰 힘과 용기를 줄 것이다.

7. 전화 심방

"여보세요."
"여보세요. ○○네 집이죠?"
"네."
"저는 ○○교회 ○○담임을 맡고 있어요. ○○이 있나요?"
"네. 안녕하세요. 수고가 많으시네요. 잠시만 기다리세요."
"……"

그리고는 아이와 이런저런 이야기를 한다. 아이는 선생님의 생각지도 않은 전화에 매우 반가워 하고 좋아한다. 아주 기분 좋게 주일에 교회에 나온다고 한다. 친구까지 데려온다면서 큰 소리까지 한다. 참으로 고맙게도…….

하지만 이런 기분 좋은 만남은 그렇게 많지 않다.

"○○네 집이죠?"
"○○ 좀 바꿔 주시겠어요?"
"왜요?"

세상에…… '왜요?' 라니 선생님이 학생 집에 전화를 왜 하는지 정말 몰라서 묻는 것이란 말인가?

어찌어찌 위기를 모면하고 아이와의 통화에 성공하면 이미 내 머리 속은 나의 통제를 벗어나 아이와 하려고 했던 이야기를 벌써 잊어버린 후다. 당연히 기계적인 이야기만 오고가고 아이를 고문하다시피 하여 주일날 교회 출석을 약속 받는다.
  전화를 끊고 난 후 기도하는 마음으로 '주여, 저의 무능력을 용서하여 주옵소서' 하고는 어느 새 허탈감에 빠지고 그만 의욕을 잃는다.
  하지만 그 아이의 부모님을 원망할 수는 없다. 아이들의 집에 끈질기게 전화하는 나 역시 주일학교 다니던 어린 시절 선생님의 전화를 그렇게 좋아하지 않았기 때문이다.
  "어련히 알아서 갈텐데 뭐가 그리 못 미더워 전화를 하실까. 가고 싶다가도 가기가 싫어지네……."
  내가 그때 왜 그랬을까? 인과응보(?)다.
  심방 전화하기가 두려워진다. 할까 말까? 하지만 아이들의 얼굴이 왜 떠오르는 걸까? 선생님 전화 받았다고 의기양양해서 자랑하는 아이들…….
  그 아이들의 목소리가 듣고 싶어진 나는 어느새 다시 전화기를 만지고 있다.

  위 글은 서울 등촌동에 살고 있는 임은하 교사의 이야기다.

  전화는 문명이 가져다 준 편리함 일 수 있다. 이 전화를 우리가 잘 사용한다면 자주 만나지 않고서도 아이들과 깊은 관계를 유지할 수 있다. 아이들에게 전화번호를 가르쳐주고 언제든지 통화할 수 있도록 문을 열어 놓는 것도 좋다. 전화를 아이들을 이해하며 신앙적으로도 도움을 줘서 어린 아이들이지만 그리스도인으로서 바르게 살아갈 수 있게 도움을 줄 수 있다.

우리는 바쁜 생활 속에서 전화 심방을 하는 것조차 부담을 느끼는 교사들도 종종 있다. 저학년일수록 전화를 해주는 것을 좋아 한다. 사람들은 누군가가 관심을 가져주는 것을 기뻐한다. 부모 역시 자기 자녀에게 관심을 가지고 전화해 주는 것을 대부분 좋아 한다. 전화 심방을 할 때 다음과 같은 내용이나 질문들은 큰 효과를 기대할 수 없다.

"그동안 어떻게 지냈니?", "학교 생활은 잘 하고 있니?", "지금 뭘 하고 있니?", "그럼 잘 지내라. 주일 날 만나자. 안녕."

우리가 전화 심방을 하면 자주 사용하는 말들이다. 이렇게 물어보면 대답만 하면 대화는 끝난다. 그렇게 되면 어린이와 더 나은 관계로 나아가기가 어렵다. 아이가 여러 가지로 이야기 할 수 있는 질문을 던지는 것이 바람직하다.

그동안 재미있었던 일, 힘들었던 일, 흥미가 있었던 일, 화나게 했던 일 등으로 시작해서 그 아이가 생각하고 느꼈던 것들을 이야기 할 수 있도록 물어 보는 것이 좋다.

그리고 그런 일들을 통해 그리스도인으로 어떻게 행동할 것인지도 들어보고 바람직한 이야기를 해주는 것도 좋다. 이런 대화를 통해 작은 목회 사역을 감당할 수 있을 것이다.

심방의 준비

　심방이란 결코 쉬운 일이 아니다. 게다가 일반 학교에서조차 가정방문이 거의 사라졌다. 요즘 세상은 모두들 바쁘고 복잡한 생활 속에서 살아가고 있다. 그러다보니 집안을 항상 깨끗이 정리 하기도 힘들고, 사생활이 노출되는 것을 싫어한다. 그래서 다른 사람들이 방문하는 것을 부담스러워 한다. 선생님들 역시 이런 생활 속에서 심방이 꼭 필요하나? 하는 문제로 고민하는 교사들도 있다. 그래서 필자는 주일학교 부모들을 만나면 어린이 심방이 있을 때 정성껏 맞이해 줄 것을 부탁하기도 했다.

　하나님께서는 그분의 사랑을 알려 주시기 위해 직접 사람들이 사는 이 땅에 육신을 입으시고 찾아오셨다. 예수님께서는 이 땅에 계시는 동안에 수많은 가정과 동네를 심방하셨다. 예수님께서 몸소 본을 보이신 이 심방은 우리 모든 교사가 평생토록 해야할 일이다.

　필자는 교사들에게 어린이 심방에 대하여 특강이나 사전 훈련을 실시했다. 그리고 심방에 대하여 주저하는 교사에게는 필자와 심방을 동행케하여 심방하는 것을 보게 하고 실습하도록 권장했다. 그렇게 하여 심방에 대한 용기를 갖도록 했다.

　효과적인 심방을 위해서는 기본적으로 준비해야할 사항들이 있다. '그냥 들러서 만나 보고 와야지' 하는 것보다는 조금만 준비하고 가면 실수를 예방할 뿐만 아니라 효과적인 심방을 할 수 있다. 먼저 기도로 준비해야 한다. 방문할 시간을 전화로 미리 약속해야 한다. 심방할 때 무슨 말을 해야할 것인가도 생각해 두는 것이 좋다. 어떤 옷차림으로 갈 것인가. 예배 시 성경말씀과 찬양도 준비해야 한다.

　심방을 효과적으로 하기 위해서는 심방자로서의 자세를 확립해야 하며 심방 시에 요령있게 잘 해야만 효과가 나타난다. 그렇지 않고 심방하는 교사가 요령있게 잘 하지 못해서 헛된 수고를 하게 될 뿐더러 도리어 덕이 되지 못할 우려도 있다. 그래서 심방할 때, 각별한 주의가 필요한 것이다. 효과적인 심방을 위해서는 심방의 준비가 필요하다.

　교사가 어린이를 심방할 때, 준비없이 심방을 한다면 그 심방은 오히려 하지 못한 것보다 역효과를 가져오기 쉽다. 심방을 가기 전에 먼저 기도로써 준비를 해야 한다. 기도없이 심방을 하는 것은 헛수고에 지나지 않는다. 기도를 해야 교사도 하나님의 임재를 느끼며, 심방받은 어린이나 그 가정에도 하나님의 은혜가 임할 수 있다. 따라서 문제의 해결을 할 수 있게 한다.
 심방이란 교사의 실력이나 혹은 말재주나 수완으로 되는 것이 아니다. 주일학교 교사는 하나님이 쓰시는 영적인 교사이므로 말씀과 기도로써 해야 한다. 꽤 오래 전에 있었던 일이다.
 서울에 아주 잘 알려진 어린이 주일학교가 있었다. 모범적인 주일학교이고 부흥하는 주일학교였기에 서울 장안에 소문이 자자 했다. 그래서 당시 어린이 주일학교 관심의 대상이었다. 그 주일학교의 부흥의 이면에는 교사들의 뜨거운 기도가 있었다. 교사들은 토요일 밤이면 교회에 모여서 준비 기도회를 했다. 주일예배와 성경 공부를 위해서 힘써 기도한다.
 "기도밖에 없지요. 교사들이 모두 함께 모여서 기도하면 사명의 불이 붙어요."
 그 교회 교사가 들려 주는 말을 듣고 준비 기도의 필요성을 절실히 느꼈다. 준비 기도를 한 다음에는 심방에 필요한 것을 하나, 하나 갖추어야 한다. 몸이 찾아가기 전에 마음으로 먼저 어린이를 찾아가야 한다. 그리고 방문할 시간이나 함께 갈 수 있는 심방대원도 미리 염두에 두고 계획해야 한다.
 또한 심방 중에 불편이나 타인에게 폐가되지 않도록 생리적으로 발생할 수 있는 사항에 대해서도 미리 대비해야 한다. 따라서 심방할 때 입을 옷에 대하여 특별한 관심을 갖고 알맞는 옷차림을 해야 한다. 심방할 때는 반드시 정장을 하는 것이 좋다. 옷은 그 사람의 언행의 표시라는 말이 있다. 젊은 학생 교사의 경우 요즈음에 흔하게 유행하는 군데군데 찢어진 청바지나 혹은 야하고 경솔한 복장을 했을 경우 상대의 반응이 어떠하다는 것은 뻔하다.

여성들은 여름 복더위에 남성들의 런닝 셔츠 차림이나 혹은 윗옷을 벗은 몰지각한 남성들을 보면 얼굴을 찌푸리게 되고 심하게는 경멸조로 대하게 된다. 대개 여성들이 공통적으로 느끼는 것은 가령 친구의 집을 방문했을 때 그 가족 중에 남자가 런닝 셔츠 바람으로 대문을 열어주는 경우, 속으로 불쾌한 마음이 들 때가 있다. 그래서 정면을 바라보지 못한 채 땅으로 머리를 숙이게 된다.

미국에서 목회사역을 하면서 미국인들의 예의에 부러울 때가 있다. 그 중 하나가 파티장에서의 옷차림이다. 남성들은 정장 차림이 아니면 그 파티장에 입장할 수가 없다. 그들은 장소를 가려서 옷차림을 하는 것을 보고 은근히 부러운 마음이 있어 왔다. 심방의 경우 가정을 찾아가는 것이므로 교사들에 맞는 옷차림을 해야 한다. 야한 것을 삼가야 하고 깨끗하고 우아하면서도 점잖은 옷이 심방에 어울린다.

심방의 시간과 횟수

　우리가 살고 있는 사회는 점점 험악해져서 문을 꼭 잠그고 생활한다. 그래서 심방을 할 때는 미리 전화로 약속을 하고 찾아가는 것이 좋다.
　심방의 시간과 횟수를 정한다는 것은 쉬운 일 같으면서도 어려운 것이다. 그것은 시간을 잘 활용해야만 좋은 결과가 나타나게 되고 따라서 심방의 횟수를 잘 정해야 한다.
　사람의 심리란 참 묘한 것이다. 그래서 인간관계나 심방이 어렵다는 말을 한다. 심방을 자주해도 부담으로 느끼는가 하면 심방을 하지 않으면 그것으로 불평을 삼는 수가 있다. 심방에서 머무는 시간 역시 짧아도, 길어도 안되며 적절한 때 자리에서 일어나는 것이 최선의 방법이다. 시간을 잘 지켜서 크리스천 교사로서의 예의 범절에 어긋나지 않도록 해야 한다.

어린이 심방은 학교에서 공부를 마친 후나 또는 토요일 오후가 적당하다. 독특한 아이 심방의 경우 부모만 만나게 되므로 이 문제는 부모와 상의하여 적당한 시간을 정하면 된다.

심방하는 시간에 있어서는 유고 심방의 경우 시간적 긴급을 요하는 일 외에는 가정의 고정된 행사(식사, 사업, 취침) 등에 해당되는 시간을 피해야 한다. 그리고 심방에 소요되는 시간은 특별한 경우를 제외하고 대개 한 가정에서 30분 이상을 경과하는 것은 좋지 않다. 어떤 경우에는 단 10분이면 충분할 때도 있으며 또는 문앞에서 형편에 따라 몇마디 인사만 나누고 돌아와도 좋은 경우가 있다.

사람들은 대개 처음으로 대하는 사람에게는 어떤 호기심과 경계하는 마음을 가지고 살펴보기 때문에 특별히 믿지 않는 가정을 심방했을 때 그들의 부모가 저 사람에게 우리 아이를 맡겨도 괜찮겠다는 인상이 들도록 크리스천 교사로서 부족함이 없도록 많은 노력을 해야 한다.

초과학 시대에 사는 현대인들은 시간에 쫓기는 경향이 있으므로 시간 문제를 신중히 고려해야 한다. 심방의 횟수는 어린이 대심방의 경우 학년이 진급되는 3월과 가을 학기로 두 번 정도가 좋다. 대심방 시기가 정해지면 어린이 주일학교에서는 각 가정에 가정통신문을 학생들을 통해 보내는 것이 좋다.

> 어린이 심방 가정통신
>
> 어느덧 봄이 성큼 다가왔습니다. 이 계절에 하나님의 사랑과 은혜가 가정에 풍성하기를 기원합니다. 우리 어린이 주일학교에서는 봄철 대심방을 아래와 같이 하려고 합니다. 그러면 그날 정한 때에 주님 안에서 기쁨으로 만나시기 바랍니다.
>
> - 아래 -
>
> 심방일시 :   년 월 일 오후
>
> 어린이 주일학교 교사 올림

　어린이 대심방 가정통신은 심방하기전 늦어도 한 주일 전에 어린이를 통해 부모에게 전달하도록 해야 한다. 대심방 외에 기타 심방으로는 유고 심방, 출석 독려 심방, 전도 심방을 필요에 따라서 적절하게 하면 된다.

심방과 언행

　심방에 있어서 가장 조심하고 유의할 것은 "언행" 문제라고 할 것이다. 잡담이나 세상의 속된 이야기로 심방 본래의 목적이 사라지지 않도록 힘써야 한다. 심방 시에 이야기를 잘못하여 역효과를 내는 경우도 있다. 그래서 심방하기 전에 미리 준비 하는 것이 필요하다. 그리고 대화할 내용들을 정리해 보는 것이 좋다. 이야기를 잘못하여 후회하지 않도록 조심해야 한다.
　필자의 경우 서울 특수 기관에서 심방하던 중에 이런 일이 있었다. 특수 교회인 만큼 거의가 젊은 세대로 교육 수준도 비교적 높았다. 그래서 일반 교회와 다르기 때문에 안심하고 심방하던 중에 어느 가정에서 무심코 한 말이 꼬리가 잡히고 말았다.
　"최종학교가 어느 학교인가요?"
　이 말에 그 가정의 주부가 머뭇거리는 낌새를 차리고 후회를 했다. 그랬는데 그 말이 말썽이 될 줄이야 생각지도 못했던 일이었다. 심방자가 학력을 물은 것이 그녀에게 늘 마음에 거슬린 모양이었다. 그때 언행의 실수가 심방에 큰 교훈이 되었다. 그녀는 학력이 미약한 상태에서 학력을 물은 것이 심히 불편했던 모양이었다. 대심방 시에 심방카드를 정리한다고 하더라도 그 가정의 분위기를 잘 파악하며 언행에 신중을 기하여야 한다. 직업이 떳떳치 못하여 감추려고 하는 가정도 있다.

필자는 미국에서 살면서 그들 속에서 배우고 느껴야 할 것이 있었다. 그들의 언행 문제였다. 그들은 사생활을 침범하는 언어 행위가 거의 없다. 그래서 나이, 월급, 가격 등은 묻지 않는다.

언젠가 미국인 가정을 방문한 일이 있었다. 그녀는 뉴욕에서 초등학교 교사로 일생을 마친 분이었다. 그녀를 만났을 때 한국을 다녀왔다고 인사를 했다.

"한국을 다녀왔습니까?"

이 말을 한 후에 그녀는 깊은 생각을 하다가 입을 뗐다.

"한국에 갔을 때, 공항에 마중 나온 사람이 많았던가요?"

그녀는 궁금증을 이런 말로 우회적으로 물었다. 목사인 나를 그녀는 유력한 인사로 알고 공항에 마중 나온 사람의 수를 알고 싶었던 모양이었다. 그만큼 대화하는 중에 혹시나 상대편의 자존심을 상하게 하지 않으려고 노력하는 모습을 엿볼 수 있었다.

애써 심방은 했으나 뒤에 심방으로 말미암아 후유증이 유발하는 경우는 심방의 언행 문제로 비롯되는 것임을 알아야 한다. 그러기에 심방을 하는 교사는 언행에 각별히 삼가 조심하고 심방에 위로가 되고 유익을 주는 말을 해야 한다.

우리들은 모두가 질그릇 같이 연약한 사람들이기 때문에 한 마디의 말에 깊은 상처를 마음에 안고 평생을 가고 심하면 죽음에까지 이르게 한다. 말로 인한 상처를 씻지 못해 숱한 날들을 괴로움으로 번민하며 지낼 수 있고, 다른 사람을 증오하는 마음으로 변할 수도 있다.

"우리가 다 실수가 많으니 만일 말에 실수가 없는 자면 곧 온전한 사람이라 능히 온 몸에 굴레 씌우리라. 우리가 말을 순종케 하려고 그 입에 재갈 먹여 온 몸을 어거(禦拒)하며 또 배를 보라. 그렇게 크고 광풍에 밀려가는 것들을 지극히 작은 키로 사공의 뜻대로 운전하나니 이와같이 혀도 작은 지체로되 큰 것을 자랑하도다 보라 어떻게 작은 불이 어떻게 많은 나무를 태우는가…… 여러 종류의 짐승과 새며 벌레와 해물은 다 길들므로 사람에게 길들었거니와 혀는 능히 길들일 사람이 없나니 쉬지 아니하는 악이요 죽이는 독이 가득한 것이라. 이것으로 우리가 주 아버지를 찬송하고 또 이것으로 하나님의 형상대로 지음을 받은 사람을 저주하나니 한 입으로 찬송과 저주가 나는도다 내 형제들아 이것이 마땅치 아니하니라." (약 3:2~10)

심방과 예배

"우리는 아직 학생인데요. 그러니 부모만 뵙고 인사를 나누면 어떨까요?"
"기도만 하고 심방을 마치면 어떨까요?"

심방에 가장 골격을 이루는 부분이 있다면 심방예배라고 할 것이다. 교사라고 할지라도 일단 찾아간 그 집에서는 기도회 식의 예배를 드려야 한다.

어린이 대심방을 할 때면 으레 교사들 중에서 심방을 기피하거나 주저하며 망설이는 교사를 보게 된다. 그러나 믿음을 가지고 철저한 사명으로 일하는 교사는 그렇지 않다. 오히려 당연한 것으로 생각한다.

"주의 일은 저 혼자하는 것이 아닙니다. 임마누엘 하나님께서 심방할 때 함께 계시며 감당하도록 은혜를 주십니다."

이 말처럼 심방은 혼자하는 것이 아니라 임마누엘 주님과 같이 심방을 한다고 생각한다면 감사하는 마음으로 심방을 하게 될 것이다. 그래서 준비 기도가 꼭 필요하다. 어린이 주일학교에서 정한 대심방에는 심방예배를 드리는 것이 원칙이다. 찬송을 부르고 성경을 읽고 설교와 기도를 함으로써 간단히 예배를 드린다. 그 가정에 맞는 찬송을 선택해야 하며 성경 말씀, 설교와 기도 역시 그렇게 해야 한다.

필자의 경우, 심방가는 그 가정을 위해서 깊은 기도를 하고 심방한다. 언젠가 유고 심방을 해야 하는 심방이 있었다. 심방 가기전 그 가정의 심방이 위로와 신앙의 도움이 되어 은혜로운 심방이 되기 위하여 기도를 한 후에 그 가정으로 찾아갔다. 그 가정에서 기도하며 미리 준비한 찬송과 성경 말씀, 그리고 기도를 했다. 그런데 찬송 부르는 시간부터 신령한 은혜가 쏟아졌다. 심방을 받던 그 가정의 주부가 눈물을 삼키면서 찬송을 부르는 것이 아닌가?

다음 성경 인용은 그 가정 실정에 부합된 것을 택해야 한다. 그리고 찬송은 어린이 심방인 만큼 어린이가 쉽게 부를 수 있는 찬송을 선택해야 한다.

2

심방 사례

13. 교회에서도 폭력을 써요? ▸ 79
14. 세상을 선택한 민경이 ▸ 86
15. 진세와의 만남 ▸ 95
16. 찬영이 다니는 교회는 안가요 ▸ 100
17. 심방으로 인생이 바뀐 무디 ▸ 103
18. 천사 같은 자폐아 ▸ 107

교회에서도 폭력을 써요?

학생들과 함께한 지 3년째 될 즈음이었다. 유난히 선생님들의 시선을 끄는 초등학교 3학년 남자 아이가 있었다. 여선생님들이 그 아이를 두려워했을 정도니 교사를 하시는 분들이라면 어느 정도 상상이 갈 것이다.

"그 아이는 다른 선생님에게 맡겨 주세요."

"아니예요. 남자 선생님 반으로 보내주세요."

새롭게 반 편성을 하기 위해 모인 교사들은 어떻게 해서든 그 아이를 맡으려 하지 않았다. 결국 그 아이는 우리 반으로 왔다. 어느 책인지 기억나지 않지만, 내 마음속에 큰 도전을 준 글은 이런 내용이었다.

"많은 교사들이 학생들을 가르치면서 그 학생에 대한 능력을 제한하고 학생들에 대한 사랑을 제한한다는 것이다. 하나님은 당신의 자녀인 그들에게 얼마나 많은 기대를 가지고 계시고, 당신의 자녀를 얼마나 사랑하시는데…… 그 하나님의 사랑스런 자녀를 교사라는 이름으로, 교사의 잣대로 제한하며, 뜻대로 되지 않을 때는 그 아이에 대한 모든 것을 감히(?) 포기하기도 한다."

라는 글이었다. 그때 주님의 마음은 얼마나 아프실까. 그들은 내 자녀가 아니라 하나님의 자녀인 것이다. 나는 이 아이에 대해 기대하는 마음이 생기기 시작했고 새로운 계획을 세워 놓았다. 이 아이와 만날 때마다 이 아이에 대해 내 마음속에 느끼는 감정을 일기로 쓰기로 했다. 이 아이를 위해 기도하기 시작했고 만나서 이야기할 때마다 이 아이가 변화되어 가는 모든 과정을 일기에 적어 나갔다. 물론 이 아이가 모든 교사가 원하는 대로 변화되기란 결코 쉽지는 않을 것이다.

어찌 되었든 이렇게 일기를 쓴 지 1년이 가까워질 무렵이었다. 정말이지 상상도 할 수 없는 사건(?)이 벌어졌다.

"너 우리 엄마한테 죽을 줄 알아! XX."

교회 문을 막 열고 들어서려는데 이런 소리가 들렸다. 내가 없는 사이에 이 아이에게 무슨 일이 벌어진 모양이다. 문 앞에서 나와 마주치자 나를 한 대 치고 울면서 나갔다. '도대체 무슨 일까? 또 누구와 싸운 걸까? 이번엔 누구도 다치지 말아야 하는데……' 짧은 순간이었지만 많은 생각이 스쳐갔다. 다른 부서 전도사님이 나를 보자마자 화난 목소리로 한 마디 던지고 문을 닫아 버렸다.

"자기반 아이 관리 좀 잘 하세요. 쾅!"

사연을 들어보니 이 아이가 전도사님께 심한 욕을 하며 발로 찼다는 것이다. 전도사님이 참고 있다가 너무 화가 나서 아이의 머리를 한 대 치고 말았다. 물론 절대로 가만히 있을 아이가 아니었고 그야말로 30이 넘은 다 큰(?) 어른과 초등학교 3학년 어린아이의 큰 싸움이 교회 내에서 일어난 것이다. 현장을 목격(?)한 선생님들의 말에 따르면 그 싸움이(상상에 맡긴다) 꽤나 길었던 모양이다.

결국 그 일은 교회에서 아니, 그 동네에서 굉장히 큰 사건으로 번지고 말았다. 한 주도 예배를 빠져 본 적이 없는 아이였다. 가족과 함께 시골에 가야 할 때도 교회에 가야 한다며 몰래 교회로 도망쳐 오던 아이를 그 날 이후로 교회에서 볼 수 없었다.

내 마음을 더 아프게 한 것은 그 당시 믿지 않던 그 아이의 부모가 가만히 있을 리가 없었다. 그 아이와 가까이 지내던 아이들까지도 교회에 나오지 못하게 했던 것이다. 물론 나는 이 사건도 일기에 적어 놓았다. 그리고 기도 내용도 함께 적어 내려갔다. 몇주가 지난 후 더 이상 기도만 하고 앉아서 아이가 나오기만을 기다릴 수가 없었다.

전도사님을 찾아갔다. 그리고 그 아이 집에 찾아가 부모님과 아이에게 사과할 것을 요청했으나 절대로 사과할 수 없다는 것이다. 결국, 거듭 요청하고 거듭 거절당한 내가 두려운 마음을 가지고 찾아가는 수밖에 없었다.

"똑똑똑."

"누구세요?"

"어머니, 안녕하세요. 저는 석이를 맡고 있는 담임입니다. 저… 무어라 사과 말씀을 드려야 할지… 죄송합니다. 정말 귀엽고 착한 아이입니다 …….."

말도 다 마치기 전에 어머니의 눈빛에 완전히 압도 당하고 말았다.

"이봐요! 교회에서도 폭력을 써요? 지금 석이 아빠가 알면 어떤 일이 일어날지 상상이나 해 봤어요? 애 아빠한테 말하지 않은 것만으로도 감사한 줄이나 알아요. 그렇게 무서워서 어디 교회에 애를 맡기겠어요? 우리 아이도 절대 교회엔 나가지 않겠답니다."

어머니가 말씀하시는 동안에도 내 눈빛은 석이를 떠나지 않았다. "너 알지? 내가 널 얼마나 사랑하는지. 설마 그 동안의 내 사랑을 잊진 않았겠지?" 이런 마음의 눈빛을 계속 보냈다. 애절한 마음의 눈빛에도 불구하고 석이는 엄마 옆에서 도끼눈을 하고 나를 노려보았다.

"다시는 우리 아이 앞에 나타나지 말아요. 알았어요."

"쾅!"

문을 닫아버렸다. 집 앞에서 아이의 어머니께 몇 번이고 용서를 빌었지만 보기 좋게 야단만 맞고 돌아와야 했다. 전도사님을 원망했다. 그 다음에 또 찾아갔다. 나를 보더니 그냥 문을 쾅 닫아버렸다.

아이의 얼굴도 보지 못한 채 몇번씩 갔다 다시 돌아왔다. 그래도 하나님은 이 어린 영혼을 하나님의 품 밖에서 살도록 내버려두지 않을 것이며, 하나님은 이 아이에게 큰 기대를 가지고 계실 것이라는 믿음을 가지고 또 찾아갔다. 그러나 역시 그 아이를 절대로 교회에 보내지 않을 것이라는 확신을 품은 어머니의 표정에 또다시 밀려 나오고 말았다. 물론 그렇다고 물러날 나였다면 애초에 이 아이에 대해서 일기를 쓰지도 않았을 것이다. 아무리 하나님의 자녀이지만 적어도 미천한 나로서는 이 아이에 대해 기대도 하지 않았을 것이다. 또 찾아갔나. 귀찮아시라도 그만 용서하고 교회로 보내시겠지…… 찾아가고 또 찾아갔다. 그러나 거절당하고 또 거절당했다.

하는 수 없었다. 비장의 무기를 꺼내는 수밖에…… 절대 포기하지 않을 것이다. 하나님께서도 당신의 자녀를 절대로 포기하실 리 없다. 1년 동안 그 아이를 위해 썼던 일기장을 가지고 또 찾아갔다.

"똑똑."

"누구세요?"

"예, 저 석이…….."

"이봐요. 내가 그렇게 만만하게 보여요? 도대체 어떤 일을 당하고 싶어서 그래요? 석이 아빠한테 다…….."

"마지막으로 찾아왔습니다."

어머니의 말을 끊을 수밖에 없었다.

"이제, 다시 오지 않을 것입니다."

어머니의 놀라는 표정이 여실히 나타났다.

"제가 1년 동안 아이를 위해 쓴 일기입니다. 꼭 저희 교회를 보내지 않아도 좋습니다. 그러나 제가 이 아이를 사랑해서 일기장에 남기고 싶은 것처럼 하나님은 더 없는 사랑으로 사랑하십니다. 여기에는 아이와 나누었던 대화나 아이를 위한 기도가 적혀 있습니다. 하나님은 아이를 사랑하시며 큰 기대를 가지고 계십니다. 꼭 다른 교회라도 보내셔서 하나님의 품을 떠나 살지 않도록 도와주세요. 안녕히 계십시오."

이 비장의 카드는 또 다른 목적이 있었다. 그것은 바로 내가 터득한 부모님의 전도법이었다.

내가 알기론 이 가정이 그렇게 평탄하지만은 않았다. 어려운 경제 사정과 아마도 부부생활 역시 원만하지 않다고 다른 선생님을 통해서 들은 바 있었다. 무엇보다도 안타까운 것은 내가 만난 그 어머니는 뭔지 모르지만 무척이나 마음이 닫혀 있는 것만은 확실했다. 어쩌면 이번 사건이 그 어머니에게는 평생 주님을 모르고 살게 할지도 모른다는 생각이 들었다.

일기장을 전해주었지만 아이가 나올 것을 기대하면서 기도하는 마음으로 매일 일기를 썼다. 3주가 지난 주일 예배 시간 바로 전에 누군가 날 찾아왔다.

"저… 안녕하세요? 석이 엄마예요. 그동안 잘 지내셨죠?"

아마 궁금하기도 하실 것이다. 끈질기게 찾아오던 사람이 일기장만 주고 3주 동안 전화 한 통 없었으니…….

"예, 안녕하세요? 석이 데리러 오셨나보죠? 어쩌죠? 죄송합니다. 엄마 몰래 왔나보네요?"

"아니, 아니예요. 저도 예배드리고 싶어서 왔어요. 집도 가깝고 해서…… 아직 애 아빠는 모르지만 당분간은 몰래 다니려구요……."

나는 그분의 두 손을 잡았다. 도망이라도 갈 것같아 더 꼭 잡았다.

"감사합니다. 저는 꼭 오실 거라고 생각했어요. 하나님께서 얼마나 사랑하시는데요. 이젠 아빠를 위해서 기도하면 되겠네요."

정말 놀라운 사건이었다. 하나님께서는 일기장을 통해서 어머니의 마음을 움직이셨고, 나오지 않던 다른 아이들까지도 모두 나와 자리를 채웠고 예배는 그야말로 기쁨과 감동의 물결이었다.

예상했던 대로 하나님은 나의 믿음을 외면하지 않으셨다. 내가 가르치는 아이들을 통해서 더 많은 부분을 깨닫게 하시고 그 깨달음을 통해서 더 겸손하게 하신다. 지금은 그 아이와 어머니의 연락처를 알 수가 없다. 하지만 지금쯤 더 성숙한 믿음으로 주님의 일을 멋지게 잘 감당하고 계실 것을 나는 확신한다.

교사를 한다는 것은 정말 즐겁고 흥분되는 일이다. 나에게 맡겨주신 아이들을 만난다는 것도 즐겁고 그 아이들이 변화되어 가는 과정을 지켜보는 일은 정말이지 더없이 흥분이 된다.

(서울 고척동에서 보내 준 김재경 교사의 글입니다.)

세상을 선택한 민경이

　주일학교 선생님의 치마 자락에 매달려 칭얼대는 민서와 그런 민서를 가만히 쳐다보고만 있는 언니 민경이는 참 대조적인 성격이었다. 유난히 질투심이 많고 화가 나면 아이들의 얼굴에 새빨간 손톱 자국을 내놓는 민서는 우리 주일 학교에서 아무도 못 말리는 공포의 대상이었다. 나는 그 부모님을 만나 상의라도 드려야겠다는 생각에 전화번호를 물었다.
　"우리집 전화기 없는데?"
　"민서네 정말로 전화기가 없어?"
　"그래. 전화기만 없는 게 아니라 엄마도 없고 아빠도 없어."
　"그러면 우리 민서는 누구랑 살아?"
　"할머니 하고 민경이 언니랑…… 그런데 우리 할머니는 허리가 아파서 맨날맨날 누워있어."

"그렇구나, 전도사님이 민서네 집에 가도 될까?"
"오고 싶으면 와. 그런데 민경이 언니가 싫어 할거야."
"우리 민서는 참 좋은데 어른들한테 반말하는 건 별로 안 좋은 것같다."
"민서야, 이젠 우리 반말하지 말자."
"다른 사람들은 아무 소리 안하는데 왜 전도사님만 그래?"
"민서야, 학교 선생님께도 이렇게 반말해?"
"아니, 그랬다간 맞아 죽게?"
"매 때문에 조심하는 건 좀 그렇다. 민서야, 앞으로 우리 이런 문제로 더이상 이야기하지 말자. 다음에 만날 땐 우리 민서가 달라질 거라 믿으니까……."
"그런데 우리집 안가? 요?"
"갈게."

민서는 앞장서서 걷기 시작했다. 큰 골목 사이로 미로처럼 복잡한 골목길이 얽혀 있었다. 어른들 혼자 겨우 들어갈 수 있는 골목, 앞집과 옆집이 여닫이 문으로 연결된 작은 집들. TV 속의 달동네가 바로 이런 곳이었구나 싶었다.

"민서야, 조금있다 나올 때 네가 큰 길가까지 바래다 줘. 전도사님이 아무래도 길을 못찾아 갈 것 같아."
"전도사님, 그렇게 멍청해? 이렇게 쉬운 길을……."

민서는 길을 걸으면서도 아이들에게 때리는 시늉을 했다. 아이들은 민서의 뒤를 따라가는 나를 신기한 듯 쳐다봤다.

"이젠 다왔어. 바로 여기야."

민서가 가르킨 곳은 고개를 숙이고 겨우 들어가야 하는 작은 쪽문으로 연결된 방이었다. 너무나 열악한 환경과 가난이 파노라마 필름처럼 쉴새없이 겹쳐지며 돌아갔다. 민서 할머니는 겨우 몸을 일으키며 낯선 나를 반갑게 맞아 주셨다.

"우리집에도 사람이 다 찾아왔네. 어서 들어와요."

"예, 할머니."

두 사람이 마음 놓고 앉기도 비좁은 공간에 널부러진 옷가지. 먼지낀 TV, 어지럽게 나뒹구는 잡동사니들…….

"손님이 오실 줄 알았으면 방을 좀 치워둘 걸…….."

"아니예요, 할머니 괜찮습니다."

"아들이 병들어 죽고 며느리가 집나간 후 누구 한 사람 찾아온 적이 없었다우."

"그래요. 참 할머니 건강도 안 좋으시다던데……."

"글쎄 허리도 아프고 사방이 쑤셔서 견딜 수가 없다우. 꼭 죽고만 싶은데 저 두 손녀딸 누구한테 맡기고 죽겠수? 죽는 것도 마음대로 못하겠수."

할머니의 눈물겨운 하소연은 봄날 긴 햇살처럼 나를 온통 나른하게 만들었다.

"우리 민경이 내년에 중학교에 보내야 하는데 시방으로선 엄두도 못내겠어요."

"할머니! 걱정마세요. 아무려면 하나님이 민경이를 모르는척 하시겠어요?"

"전도사님! 나는 교회에 나가고 싶어두 걸을 수 없어서 못나

가요. 하나님이 교회에도 안 나가는 내 기도를 들어주실까요?"

"할머니가 마음에 하나님을 모시고 산다면 허리 아프셔서 꼼짝도 못하시는 이 상황을 하나님께서 아시고 이해해 주실 거예요."

"정말 그럴까요?"

"그럼요."

나는 할머니의 깡마른 손을 잡아드렸다. 민서는 이런 광경을 물그러미 쳐다보며 앉아 있었다.

이때 민경이가 들어왔다. 나와 얼굴이 마주친 민경이는 너무나 당황한 나머지 아무 말도 못하고 서 있더니 이내 홱 돌아서서 나가 버렸다.

"전도사님이 오셨는데 인사도 안하고…… 부모 밑에서 안 자라서 기집애가 버릇이 없어요. 전도사님이 이해를 좀 해요."

"예, 할머니. 저는 괜찮은데 민경이가 굉장히 당황한 것 같아요. 이럴 줄 알았으면 민경이 허락을 맡고 오는건데……."

"허락은 무슨 허락…… 나는 전도사님이 이렇게 누추한 곳까지 오신 것만 해도 고맙고 황송한데."

그 후 민경이는 교회에서 나와 마주치면 슬슬 피해다녔다. 사춘기의 민경이에게 집안 사정이 직접 노출된 게 커다란 상처가 된 것 같았다. 나는 민경이를 조용히 불러 위로해 주고 싶었다. 그래서 민경이에게 항상 토요일이면 내가 교회에 나와 있다는 것 알려주고 만나자고 했다. 민경이는 대답대신 고개만 살짝 끄덕였다.

그런 일이 있은 후 몇주가 지난 토요일 오후, 예배당 맨 앞줄 구석에 앉아 기도를 드리고 있는데 뒤에서 인기척이 느껴졌다. 기도를 끝내고 조용히 돌아보니 민경이였다. 너무나 반가운 마음에 민경이의 손을 덥썩 잡았다.

"민경이 왔어?"

민경이는 어색한 웃음으로 대답을 했다.

"민경아! 전도사님이랑 떡볶이 먹으러 가자."

"어른들도 떡볶이 좋아해요?"

"그럼, 전도사님은 떡볶이에서 떡보다 오뎅이 더 좋더라."

"저랑 똑같네요."

"나가자."

"예."

나는 민경이 어깨를 가만히 감싸고 걸었다. 민경이도 많이 안정된 것 같았다. 입술에 새빨간 고추장을 바르며 떡볶이를 먹는 서로의 모습을 보며 웃기만 했다. 이제 이미 우리 사이에 두툼하게 세워진 벽이 무너지고 있었다.

"민경아! 우리끼리 떡볶이 먹은 걸 민서가 알면 그 성격에 가만 있지 않을텐데 어떡하지?"

"전도사님, 걱정마세요. 제가 비밀로 할게요."

"그러지말고 민경아, 우리끼리 먹어서 좀 미안하니까 민서는 아이스크림을 사주고 할머니께는 사탕을 좀 사드리자."

민경이 얼굴이 갑자기 환해졌다.

"우리 민경이 너무 착한 거. 전도사님이 다 알고 있어. 민서

하고 할머니 챙겨 드리자고 하니까 민경이 얼굴이 햇살 머금은 꽃잎처럼 밝아지네."

"저는요, 전도사님이 우리집 오셔서 모든 걸 보고 아시게 되면 저를 무시하고 싫어할 줄 알았어요. 그래서 속도 상하고 마음도 아팠어요. 그런데 예전처럼 저를 똑같이 대해 주시니까 마음이 놓여요."

"무슨 소리야. 예수님 사랑 전하는 전도사님이 그런 사람이라면 문제 큰 거 아냐?"

"대부분 사람들이 그렇게 하잖아요."

"아니야. 민경아! 정말 친한 친구는 그 친구가 어려움을 당하고 있을 때 함께 아파하고 그 어려움을 함께 극복하는 거란다."
민경이는 고개를 끄덕끄덕하며 내 손을 잡았다. 그렇게도 내성적이던 민경이가 손을 잡는다는 것은 나에 대한 신뢰감이 깊어졌다는 걸 의미하기도 했다.

나는 민경이를 지도하고 계신 주일학교 선생님께 민경이 상황을 얘기하고 각별한 관심을 부탁드렸다. 그리고 사춘기 때 겪을 수 있는 생리적 현상에 대해서도 잘 설명해 주고 대처할 수 있는 방법도 가르쳐 주라고 부탁했다. 민경이는 선생님들의 관심과 배려 속에서 무척이나 밝게 신앙생활을 하며 중학생이 되기 위한 준비를 하고 있었다.

겨울이 다가오고 나는 그 교회를 사임하게 되었고 민경이 할머니의 장례 소식을 듣게 되었다. 민경이와 민서의 얼굴이 자꾸 눈앞을 어른거리며 가슴 한구석에 진한 통증으로 자리 잡았다.

민경이네 집을 찾아갔다. 그러나 예전에 미로로 연결되던 작은 집들은 흔적도 없이 사라져 버리고 재건축현장이란 팻말이 커다랗게 박혀 있었다. 쏟아질 것 같은 눈물을 삼키며 교회로 발걸음을 향했다. 마침 민경이를 맡았던 선생님이 기도를 드리고 있었다.

"선생님! 오랫만이네요."

"전도사님, 반가워요. 평안하시죠?"

"예, 그런데 선생님 민경이랑 민서 교회에 잘 나오나요?"

"전도사님도 그 일 때문에 교회에 오셨군요. 실은 민경이 할머니 돌아가시고 집도 헐리게 되었어요. 그 후 민경이랑 민서 소식은 끊어졌구요. 저도 마음이 아파서 기도를 드리러 왔어요."

"아이들 행방은 영 찾을 수 없나요?"

"글쎄요, 지금으로선……."

"주일학교 아이들이 이렇게 될 때까지 아무도 몰랐나 봐요?"

"몇주 안 보였는데 그러다 나오겠지 하며 그냥 기다렸지요. 이럴 줄 알았으면 심방이라도 해보는 건데……."

나는 더이상 할 말이 없어 터벅터벅 걸어나왔다. 갑자기 나 자신에 대한 무기력함이 나를 덮쳐와 견딜 수 없을 것 같았다. '어디서 애네들을 찾지?'

몸살감기로 며칠을 앓고 난 후 나는 새로운 사역지에서의 적응과 사역으로 점점 정신을 쏟기 시작했다. 그리고 그 몰입은 나를 민경이와 민서로부터 자유할 수 있는 해방감도 주었다.

2년이 지난 후, 여름성경학교 준비로 바쁘게 돌아다니던 때였다. 길가에서 어릿한 남학생이 노랗다못해 흰빛이 나도록 염색한 머리카락을 곱슬곱슬 볶은 여자 아이와 대낮에 껴앉고 있는 모습을 보았다. 나는 별로 신기한 광경도 아니었지만 이들의 옷차림과 헤어스타일이 하도 특이해 다시 한번 쳐다보았다. 그때 나와 눈이 마주친 여자 아이가 깜짝 놀라며 고개를 돌렸다. 나는 설마하며 그 여자 아이를 바라보았다. 새빨간 립스틱으로 발라진 입술, 쫄티에 쫄바지…… 놀랍도록 변해버린 민경이었다. 민경이가 가볍게 고개를 떨구며 인사를 했다. 옆에 있던 남학생이 민경이와 나를 번갈아 쳐다보더니 이내 민경이를 두고 혼자 걸어갔다.

"민경아! 어떻게 된 거야?"

"이젠 저 교회에 안 다녀요. 할머니는 돌아가셨구요. 집은 헐리고 민서는 고아원에 있어요."

"너는?"

"저는 저 오빠랑 같이 살아요. 저한테 잘 해줘요."

"저 남학생은 몇살인데?"

"고등학교 2학년인데 자퇴했어요. 저 때문에요?"

"민경아! 우리집에 가서 이야기좀 하자. 나 너랑 할 말이 많아."

"다음에요. 오빠 기다리고 있으니까 가봐야 해요."

"너 저 애 좋아?"

"예."

"생활은 어떻게 하고 있니?"
"당구장에서 아르바이트 해서요."
"그럼 민경아! 우리집 전화 번호를 줄 테니까 꼭 전화해. 그리고 저 학생이랑 함께 우리집에 놀러와."
"알았어요."

이것이 민경이와 마지막 만남이었다. 나는 민경이와 민서를 생각하면 가슴 한켠이 아려온다. 조금만 더 관심을 가졌더라면 오늘 이런 모습을 보진 않았을텐데…… 의지하고 있던 가족들을 잃어버리고 어린 민경이가 선택할 수밖에 없었던 최후의 방법.

간음하다 현장에서 잡혀온 여인을 성난 군중들은 비난하여 죽이려 했지만 예수님의 한 마디 말씀 "죄없는 자가 이 여인에게 돌을 던지라" 했을 때 모두 꽁무니를 빼고 달아나던 성경 구절이 새삼 떠오른다.

중학교 2학년생이 감당하고 있는 삶의 무게가 어쩌면 이렇게 무겁고 버거운지…… 노랑머리, 빨강 립스틱 쫄티, 쫄바지, 같은 또래와 동거생활…… 민경이의 파격적인 외모와 생활에 놀라움을 감추지 못하겠지만, 그보다 하나님의 사랑 안에서 그들의 생활을 보살피지 못했던 어른들의 자책이 더 절실한 것 같다. 그리고 민경이를 통해서 심방의 중요성을 다시 한번 절감하게 된다.

(목포에서 보내 준 장수단 전도사의 글입니다.)

진세와의 만남

어린이 주일 예배를 마치고 아이들을 배웅하고 있었다. 예배당 마당에서 시끌벅적하게 떠들던 아이들도 모두 돌아가고 없는데 진세만 우두커니 서 있었다.

"진세야! 아직 안갔니?"

"전도사님께 드릴 말씀이 있어서요."

"그래? 그럼 안으로 들어가서 얘기할까?"

"예."

나이에 걸맞지 않은 돋보기 안경을 쓰고 늘 의젓하게 굴던 진세가 그 날은 유난히 어두운 얼굴로 힘이 없어 보였다.

"우리 진세 고민있니?"

"예."

"무슨 고민이냐고 물어도 되니?"

"예."

"전도사님! 저는 교회 다니는 게 너무 좋아요. 그런데 앞으로는 교회에 못 다닐 것 같아요."

"아니, 왜?"

"사실 제가 점점 앞을 볼 수 없는 병에 걸렸는데 병원에서도 고칠 수 없데요. 그래서 우리 엄마 아빠는 계속 절에 가서서 불공을 드리세요."

"엄마 아빠는 절에 다니시는데 진세는 어떻게 교회에 나오게 되었니?"

"우리 사촌 누나가 이 교회에서 피아노 반주를 하거든요. 그 누나가 부처님보다 하나님이 더 능력이 있으시니까 내 눈을 고쳐 주실 거라고 엄마 아빠를 설득했어요."

"으응, 그랬었구나. 우리 진세 혼자서도 이렇게 열심히 교회에 나오는 줄 몰랐네."

"그런데 전도사님, 진짜 고민은 지금부터예요. 우리집이 여기서 굉장히 멀거든요. 그래서 항상 사촌 누나가 저를 데리고 다녔는데 다음 주부터는 누나가 저를 못데리고 다닌데요. 우리 엄마 아빠는 위험하니까 더 이상 교회에 나가지 말고 함께 절에 가는 게 나을 것 같데요. 그래서 제가 막 울었어요. 하나님이 제 눈을 고쳐 주실지도 모르고 또 저는 교회가는 게 좋은데 왜 엄마 아빠는 절에 가자고 하시는지 모르겠어요."

아홉 살짜리 진세의 눈에서 주루룩 눈물이 흘렀다. 나는 어린 진세의 가슴에 패인 상처를 보는 것 같았다.

"진세야! 고민하지마. 매주일 전도사님이 진세네 집앞으로 데리러 갈게."
"우와. 정말이에요?"
"그럼."
"그런데 우리집 진짜 먼데."
"멀면 어때, 진세도 이렇게 씩씩하게 오는데······."
그날 이후로 나는 진세를 위해 끊임없이 기도 드리며 매주일 진세네 대문의 벨을 눌렀다. 여름이 지나고 가을이 다가왔다. 진세를 데려오고 예배가 끝나면 또 데려다 주고 주일예배 준비 때문에 허겁지겁 뛰어다니던 시간이 눈깜짝할 사이 지나갔다. 그러던 어느 날, 한번도 얼굴을 뵐 수 없었던 진세 어머니가 진세 손을 꼭 잡고 대문 앞에서 나를 기다리고 있었다.
"전도사님! 안녕하세요. 그동안 우리 진세한테 신경 많이 써 주셔서 감사해요. 저는 종교가 달라서 고맙다는 인사도 변변히 못했네요."
"진세가 너무 잘 따르고 신앙생활 을 잘하니까 저도 참 기뻐요."
"우리 진세한테 얘기를 들어서 아시겠지만, 정말 부모로서 어떻게 해줘야 할지 생각하면 눈앞이 캄캄해요. 자식이 시력을 잃어 간다는데 어떻게 하겠어요. 지금으로선 지푸라기라도 잡고 싶은 심정이예요."
진세 어머니의 눈빛은 자식에 대한 사랑으로 너무나 간절했다. 나는 하나님께서 진세를 통해 대대로 이어온 아이 집안의 불교 전통을 끊고 생명의 복음을 심으시고 계신다는 확신이 왔다. 그래서 진세 어머니께 부탁을 했다. 진세를 위해 하나님께 기도를 드려 달라고…… 진세 어머니는 고개를 끄덕였다.

"전도사님! 정말 죄송한데 제 자식을 위해 기도는 얼마든지 드리는데 교회에 나오라는 얘기는 하지 마세요. 저도 하나님에 대해 부인은 안 하지만 종교를 바꾼다는 게 쉬운 일이 아니잖아요."

"알겠습니다. 그러나 진세를 위해 살아계신 하나님께 우리 함께 기도드려요."

그 일이 있은 후 나는 진세네 벨을 누를 때면 항상 그 가정의 구원을 위해서 기도드렸다. 그리고 주일학교 예배가 끝나면 진세 손을 붙잡고 진세의 가정 구원과 시력회복을 위해 간절히 기도를 드렸다. 내가 진세를 데리러 다닌 지도 1년이 지났다. 진세는 같은 또래 아이들보다 마음과 생각이 훨씬 성숙해 갔다. 나는 한 영혼이 천하보다 귀하다는 주님의 진리를 되새기며 진세의 손을 붙잡고 나섰다.

"전도사님! 제가 어른이 되면 자가용을 사서 전도사님을 제일 먼저 태워드릴게요."

"그거 듣던 중 반가운 소린데?"

"전도사님! 이건 빈말이 아니예요. 비가 올 때도 눈이 올 때도 항상 전도사님이 저를 택시로 태워 주시잖아요. 그래서 하나님께 기도드렸어요. 우리 전도사님 저 때문에 가난해지면 어떡하냐구요. 빨리 저를 어른이 되게 하셔서 우리 전도사님 택시

안 타고 자가용으로 태워 드릴 수 있게 해 달라고……."

"우리 진세 때문에 전도사님 눈물 날려고 해. 책임져라."

"전도사님 울릴려고 그런 것 아닌데…… 그냥 고마워서 그랬는데……."

어쩔줄 몰라하는 진세를 껴안고 나는 속삭였다.

"진세야! 우리 끝가지 참고 견뎌내자. 믿음 안에서 기도와 수고는 절대로 헛되지 않을거야. 우리 진세의 이 믿음으로 인해 너의 가족들이 구원을 받는다면 이 얼마나 값진 일이야."

돋보기 안경 속에서 초롱초롱 빛나는 진세의 눈망울을 쳐다보며 나는 오늘도 변함없이 기도를 드리고 있다.

(목포에서 보내 준 장수단 전도사의 글입니다.)

찬영이 다니는 교회는 안가요

　내가 찬영이를 만나게 된 것은 교회에서 초등학교 4학년을 맡게 되면서였다. 그는 초등학교 4학년이었고 교회에서 누구도 말리지 못하는 말썽꾸러기였다. 예배시간에도 끊임없이 떠들고, 장난치고, 다른 아이들을 괴롭히고, 교회에서 싸움이 났다 하면 거의 90%는 찬영이가 끼어 있었다.

　찬영이 아버지는 교회에 나오지 않았지만 그의 어머니가 믿음이 좋으셨기에 동생과 함께 한 번도 빠짐없이 교회에 출석하였다. 교회에 출석은 열심히 하지만 교회 생활은 말로 형용할 수 없을 정도로 개구장이였고 오로지 교회 나오는 가장 큰 이유는 한 번이라도 교회에 빠지는 날에는 어머니의 불 같은 매가 무서웠기 때문이다.

　그러한 찬영이가 문제가 된 큰 이유가 있었다. 그것은 찬영이가 힘으로 하면 4학년에서는 전교 으뜸이었고 6학년 형들까지도 그를 꺼려했기 때문이다. 이런 찬영이가 무서워서 교회에 못 나오는 아이들이 생겨나게 되었다. 동네의 길거리에서 전도를 하다가도 이런 일이 생긴다.

"○○교회에서 나왔는데……."

하고 이름만 되면 아이들은 깜짝 놀라면서 대답한다.

"네! 거기 찬영이가 다니는 교회지요? 저 그 교회에 안 갈래요."

라고 말할 정도였다. 그러던 중에 내가 찬영이 반의 담임이 되어 찬영이네를 심방하게 되었다. 찬영이네 집을 물어서 찾아갔는데 그야말로 산꼭대기였다. 말 그대로 달동네 첫집이었다. 허름한 대문은 비스듬히 기울어져 금방이라도 떨어질 것 같았다. 창호지로 바른 미닫이 문조차 이곳저곳이 뚫어져 있었다. 찬영이네 사는 모습은 너무나 초라했다.

더 놀란 사실은 그렇게 교회에서는 거칠어 보였던 찬영이가 맞벌이 하는 부모님께서 일을 하러 나간 동안 어린 동생의 식사를 챙겨주는 것은 물론이며, 밥하기, 빨래하기, 설겆이, 청소 등 왠만한 집안 일을 다 하는 것이었다. 이런 찬영이의 또 다른 모습에 커다란 충격을 받았다.

심방 후 찬영이를 새롭게 이해하게 되었다. 그를 위해 기도하게 되었다. 그 후 찬영이와 대화의 시간이 예전보다 점점 길어지게 되었다. 교회에서 틈이 나는 대로 같이 앉아서 이야기하는 시간을 가졌고 또 주일 이외에도 토요일 오후에 우리집으로 초대를 해서 떡볶이를 해주기도 하고, 또 학교 운동장에 가서 축구도 같이 했다. 그렇게 우리의 사이는 가까워지기 시작했다. 그러면서 찬영이의 모습이 조금씩 변화되기 시작했다.

어느 날 찬영이가 찾아왔다.

"저…… 선생님, 드릴 말이 있는데요?"

"응, 그래. 어서 해봐. 무슨 말인데?"

"저…… 선생님, 여자 친구가 있는데요. 교회에는 나오지 않아요. 그런데 우리 교회에 나오라고 전도하고 싶은데 어떻게 했으면 좋을지 모르겠어요?"

라고 나에게 이야기를 하는 것이었다. 그래서 찬영이에게 여러 가지 도움의 말을 해주었다. 사실 그 말을 들었을 때 얼마나 기뻤는지 모른다. 찬영이에게는 누구에게도 말 못할 고민이었는데 나에게 말하고 싶을 정도로 내가 그에게 있어서 믿음이 가는 대상이 되었다는 것이 무엇보다 기뻤다.

시간이 흘러서 4학년이던 찬영이는 어느덧 중학교 3학년이 되었고, 교회에서 그 누구보다도 열심히 중·고등부 활동을 하며 공부도 열심히 하는 청소년이 되었다.

그 후 나는 그 교회를 떠나 현재는 다른 교회에서 교육 전도사로 어린이들을 섬기고 있다. 언뜻 그때 찬영이의 모습이 생각이 날 때가 있다.

"그때 만일 찬영이네 집에 심방을 가지 않았었다면 어떻게 되었을까?"

(서울 구파발에서 보내 준 김상태 전도사의 글입니다.)

심방으로 인생이 바뀐 무디

 가난한 벽돌공의 아들로 태어나 초등학교밖에 다니지 못하고 구두 수선공으로 시작한 한 소년을 심방하여 전 세계를 뒤흔든 위대한 전도자로 변화시킨 킴볼 선생은 그때에 겪었던 장면을 이렇게 이야기 하고 있다.
 나는 무디 소년에 대한 깊은 애정과 관심을 갖게 되었다. 그래서 그에게 그리스도와 그의 영혼에 대하여 이야기를 해주고 싶었다. 그래서 홀튼 양화점을 향하여 걷고 있었다. 그런데 그 가게에 거의 다 갈 무렵 다소 주저하는 마음이 생겼다. 혹시 내가 갑자기 방문하여 그가 당황하지 않을까 걱정이 되었다. 게다가 방문한 뒤의 일이 은근히 걱정이 되었다.
 그것은 한 직장에서 같이 일하고 있는 점원들이 누구냐고 물을 것이며 무디에게 착한 사람이 되라고 방문했다고 해서 그를 놀려주지나 않을까 하는 마음이 앞섰기 때문이다. 그런 생각을 하며 걷다가 그만 가게를 지나치게 되었다. 오던 길을 다시 되돌아서 가게 안으로 들어갔다.

무디는 가게 뒷켠에서 신발을 포장하고 있었다. 나는 그에게 다가가서 그의 어깨에 다정하게 손을 얹었다. 킴볼 선생은 구두 창고에 처음 발을 디디면서 무디를 전류가 통하고 있는 철사와 같은 사람이라고 생각했다. 넘치는 힘, 용광로처럼 달아오른 저 열심, 민첩하고 빈틈없는 솜씨를 보면서 더 그런 생각을 해 보았다. 하나님께서 이 전류가 통하고 있는 철사를 쓰신다면 무엇이든지 할 수 있는 사람으로 믿어졌다.

"무디, 이렇게 바쁜 때 와서 미안하네."

이런 말부터 킴볼 선생은 차분히 이야기를 시작했다.

"자네가 우리 교회에 참석한 지도 어언 1년이 되었고…… 그런데 자네는 그리스도를 마음에 받아들인 체험이 있나?"

"아니요. 그런 경험은 없는 것 같아요. 기독교라는 것이 좋은 것이라고는 생각합니다. 그러나 깊이 빠지고 싶지 않습니다."

그 사이에 사무엘 아저씨가 지나치면서 동정을 살피고 나갔다. 무디는 이때가 기회라고 생각했다. 킴볼 선생의 대단치 않는 볼 일이 그만 끝났으면 좋을 것 같아 흩어진 포장지를 다시 정리하기 시작했다. 그러자 킴볼 선생이 다시 입을 열었다.

"잠깐! 무디, 나는 자네를 위해서 하나님께 간절히 기도했네. 자네를 다른 곳으로 가게 해달라고 기도했으니 꼭 들어 주시리라고 믿네."

"다른 어떤 양화점인가요?"

무디가 고개를 들고 일어섰다. 킴볼 선생은 웃으면서 무디의 양 어깨를 지그시 잡았다.

"무디, 하나님은 자네를 사랑한다네. 하나님의 아들, 예수 그리스도는 무디를 위해서 십자가에 못박히셨다네."

이 말에 무디는 어리둥절했다.

"나는 무디가 이같은 사실을 과연 믿고 있는가 확인하러 왔네. 며칠 동안 여러 차례 망설이고 또 양화점 앞에까지 왔다가는 되돌아가려고 했지. 무디, 지금 곧 예수 그리스도를 받아들이겠는가?"

이 말을 하며 킴볼 선생은 다급하게 말했다.

"선생님, 어떻게 하면 됩니까?"

어리둥절한 심정에서 무디는 이런 말밖에 할 수 없었다. 그러자 킴볼 선생은 하나님의 큰 사랑으로 그의 아들 예수 그리스도가 세상 사람을 구원하시기 위해서 보냄을 받았다는 이야기를 자세하게 들려 주었다.

"예수 그리스도를 믿고 세례를 받으면 죄사함을 받게 되는 것이야. 성경은 그리하면 성령을 선물로 받으리니 이 약속은 너희 자녀와 다른 모든 사람, 곧 주 우리 하나님이 얼마든지 부르시는 자들에게 하신 것이라는 말씀이지."

킴볼 선생은 성경으로 하나님 말씀을 깨닫도록 가르쳤다.

"문제는 간단하지. 예수 그리스도를 구주로 받아들이면 되는 거야. 자기 스스로 할 일이야. 아무도 자네를 위해 대신 해줄 수 없는 일이거든."

킴볼 선생은 호주머니에서 손바닥 만한 종이 한장을 무디 앞에 내 놓았다.

"영접하는 자 곧 그 이름을 믿는 자들에게는 하나님의 자녀가 되는 권세를 주셨으니."(요한복음 1:12)

"자, 지금이 바로 그때다. 그렇게 하겠는가?"

"네. 하지만 아직 확실히 모르겠어요."

"그럼 당장 무릎을 꿇고 기도하자."

양화점 뒷방에서 무디는 무릎을 꿇고 자신이 죄인임을 고백했다. 그리고 예수 그리스도를 구주로 받아들이며 죄사함 받기를 기도하였다. 그들은 딱딱한 땅바닥에 무릎을 꿇은 채 굳어져 있었다. 그리고 죄에 대하여 생명에 대해서 신성한 것에 대하여 그들은 다시 성령에 이끌리고 있었다.

그러자 성령의 역사가 홀튼 양화점 창고에 강하게 내린 것이다. 살아계신 하나님의 전류가 킴볼 선생을 통하여 무디에게 전달되어 살아 움직이는 전선이 되었다.

조금 전만 하더라도 생명이 없는 구주에 관한 이야기로 시작된 그들의 만남이 마침내 한 생명에게 성령의 강한 역사가 일어난 것이다. 구두를 사거나 팔지도 않은 그들은 가장 귀한 것을 사고 판 셈이 되었다. 무디는 영적으로 다시 살았다. 그리하여 중생의 삶을 살게 되었다. 무디의 가슴은 알 수 없는 충격과 기쁨으로 충만했다. 그것은 흡사 온 세상이 무디를 위하여 힘찬 코러스를 연주하는 것 같았다.

천사 같은 자폐아

천안에 가서 10일 동안 여름성경학교를 할 때였다. 그 지역에 교회는 하나밖에 없었고, 제7일 안식교, 남녀호랑계교, 불교 등이 있었다. 서로가 경쟁하려고 아이들에게 무료로 붓글씨, 영어, 수학, 독서교실, 영화상영 등으로 지역 주민을 끌고 있었다. 믿음이 없는 부모가 못가르쳤다는 죄의식 때문에 그곳에라도 보낸다는 것이다.

그때 내가 두 분 교사와 함께 찾아갔던 집은 대문 입구부터가 기분이 좋지 않았다. 대문 입구와 마당에는 소금이 뿌려져 있었고, 마루에는 초등학교 1,2학년 정도로 보이는 아이가 우릴 쳐다보고 있었다. 그 아이는 자폐아였고 아무도 돌 볼 사람이 없었다. 엄마는 일하시고 아빠는 매일 술마시고 신세 한탄을 하는 가정이었다.

우리는 얇은 동화책을 그 아이에게 읽어주었다. 장난도 치고 놀아주면서 우리는 어느새 친해졌다. 다음 날 스케치북과 크레파스를 가지고 또 찾아갔다. 여전히 아이 혼자 마루에서 뒹굴고 있었다. 스케치북을 펴고 그곳에 마음껏 끄적끄적할 수 있도록 크레파스를 손에 쥐어줬다. 다음 날 나는 성경학교에 이 아이를 데리고 가길 원했다. 그러나 부모님이 집에 계시지 않아 무턱대고 아이를 데리고 갈 수만은 없었다. 우리는 고민 끝에 편지를 써놓기로 했다.

"안녕하십니까? 저희는 저 아래 동네 ○○교회에서 온 ○○입니다. 저희 교회는 지금 여름성경학교 기간 중입니다. 귀댁의 자녀와 이틀 동안 함께 동화책도 읽고 그림도 그리면서 친해지게 되어 매우 기쁘게 생각됩니다······. 저희가 아이와 함께 예배에 참석하고 싶지만 부모님이 계시지 않아 편지를 써놓습니다. 혹시 아이가 없다고 놀라시지 마시고 성경학교를 마치면 댁으로 아이와 함께 방문하겠습니다."

우리는 너무나 걱정이 되었다.

"만약 이 일을 문제시 삼고 아이가 정상이 아니라 놀라서 일이 커지면 어쩌죠?"

겉으로는 담담한 척 했지만 너무나 심난해서 얼굴 근육이 움직여지질 않았다. 일은 내가 저질렀고 책임도 내가 감당해야 했다. 그러나 어차피 저질러 진 일, 일은 내가 벌려놓고 하나님만 믿고 있었던 나는, 아무 문제 없을 것이라며 그들을 위로까지 해야 했다. 그때 도대체 무슨 배짱이 그렇게 컸는지 지금도 이

해가 되지 않는다.

어쨌든 성경학교가 끝나고 두 분 교사와 함께 아이의 손을 잡고 문을 열고 들어서려는데 집안이 너무도 고요했다. 겁을 먹은 나는 속으로 끝없이 기도했다.

"하나님, 제발 도와주세요. 아무 일 없도록 도와주세요."
"어머, 아무도 없나봐요?"
"어머, 하나님이 도우셨어요"
"오시기 전에 우리 빨리 가요."

이게 아니었다. 어머니께 들키지 않는 것만이 내 목적은 아니었다. 난 오히려 들키길 바랬다. 아니 들켰어야 했다. 부모님께 야단을 맞든 칭찬을 받든 나는 들켜서 뭔가 끝장을 보길 원했다. 여기서 끝장이란 부모님까지 전도하든지 아니면, 아이만이라도 교회를 보내겠다는 확답을 듣는 것이었다.

"선생님, 이 아이가 교회에서 많은 친구들과 함께 놀다가 혼자 덩그러니 있으면 얼마나 허전하겠어요? 어쩌면 공포감을 느낄지도 몰라요. 저한테 좋은 생각이 있어요."

나는 아이를 선생님들께 잠시 맡기고 교회로 내려갔다. 가방에서 어린이 찬양 테이프를 가지고 왔다.

"이 찬양 테이프를 켜놓고 지난번 그 동화책을 놓고 가는 거예요. 그리고 간단하게 메모를 남기고 가자구요."

"아이는 무사히 건강하게 잘 다녀왔습니다. 다른 친구들과 잘 놀고, 율동도 열심히 따라하는 모습이 천사같았답니다. 부모님께서도 천사의 모습을 보셨다면 아마도 감동의 눈물이 흘렀을 것입니다. 아이를 혼자 놓고 오는 것이 마음에 안놓여 찬양 테이프를 켜놓고 갑니다. 아이가 매우 좋아하더군요. 동화책도 시간이 나신다면 읽어주십시오. 부모님께서 괜찮으시다면 내일 아침에도 8시 40분에 아이를 데리러 올 예정입니다……. 그럼, 안녕히 계십시오."

선생님들은 기가막히다는 표정과 애매한(?)한 미소로 나를 바라보았다. 그리고 하나님께서 어떻게 이끌어 가실지 지켜보기만 하면 된다. 다음 날 아침 우리는 아이를 데리러 갔고 또 다시 짧은 메모를 남겨놓았다. 이렇게 성경학교를 마치는 날까지 데려오고 데려다 주었다. 우리는 그 아이의 부모님이 도대체 어떤 생각을 가지고 계신지 알 수가 없었다. 부모님이 교회로 쫓아오지 않은 것만으로도 아이를 교회로 데려가는 것을 인정하신 것으로 생각했던 것이다. 어쨌든 이제 부모와 마주치더라도 그분들이 화를 내지 않을 것이라고 생각했다. 나는 마음속으로 기도했다.

"하나님 오늘은 부모님과 마주치길 원합니다...."

5시가 조금 안되었던 것 같다. 우리는 집에 아무도 계시지 않을 것이라는 확신을 가지고 찬양 테이프를 켜놓고 아이에게 또 스케치북에 그림 그리는 것을 도와주고 있었다. 그런데 이것이 웬일인가? 부엌에서 아이의 어머니가 나오시는 것이다. 너무 놀라 기절할 뻔했다. 그런데 어머니의 손에 들려 있는 것은 맛있는 부침과 먹음직스런 김치였다. 우리가 올 것을 예상하시고 조금 일찍 퇴근해서 음식을 준비한 것이다.

"선생님들이 지금 몇 분이나 계시죠?"

"아, 네. 한 14명 정도 됩니다."

"그러시다면 오늘 저녁 저희 집에서 식사하시는 것으로 알고 준비하겠어요."

그날 저녁 우리 선생님들은 모두 모여 감동의 만찬을 대할 수 있었다. 식사를 하는 중에도 아이는 스케치북에 그림을 그리고 있었다. 어머니는 흐뭇해 하시며 말씀하셨다.

"지금까지 먹고 살기 바빠서 아이에게 그림은 커녕 동화책 한 번 읽어준 적이 없어요. 아이를 누구에게 맡길 수도 없어서 데리고 다니다가 아이가 조금 크고, 아빠가 가끔 들여다 본다기에 집에 두고 다니는데 얼마나 엄마로서 마음이 아픈지…… 정말 고마워요. 애 아빠는 알지도 못하고 서울 교회에서 예수쟁이 들이 온다는 소리에 마당에다 소금을 뿌려놓았지 뭐예요? 아이를 교회에 보내겠어요. 그리고 저도 시간이 날 때마다 갈 수 있도록 노력할게요. 제발 우리 아이 잘 좀 부탁드립니다."

나는 웃으며 이렇게 말했다.

"아휴, 괜찮아요. 이젠 이 예쁜 두 분의 선생님들이 책임 질 텐데요."

우리는 너무나 즐거운 시간을 갖게 되었다. 모든 성경학교와 전도를 마치고 내일이면 우리는 이곳을 떠나야 했다. 그날 밤 아이의 어머니가 나를 찾아왔고, 그동안 남겼던 메모지와 아이가 그렸던 스케치북 그리고 찬양 테이프, 동화책을 가지고 오셨다.

"이 물건들 설마 달라고 하시진 않겠죠? 나에게 주고 가시면 제가 잘 간직하고 잊지 않을게요."

"물론입니다. 제가 부탁을 드려야지요. 제발 잊지 마시고 아이와 함께 신앙생활 잘 해주세요."

떠나는 날 나는 모든 아이들 뿐아니라 마을 어르신들, 특별한 관심을 갖게 되었던 아이, 그 아이의 어머니 모두 잊을 수가 없어 무척이나 아쉬웠다. 그러나 그 두 분의 선생님들은 정말이지 함께 열정을 나누며 아이들에 대해 이야기하며 아이들을 두고 눈물로 기도했던 분들이다. 하나님은 그 두 분의 선생님들을 사랑하시며 그분들을 통해 놀라운 일을 행하실 것이다.

내 마음속에 있는 열정과 사랑은 어릴적 초등학교 때 만난 남자 같은 여선생님으로부터 배웠고 그분이 가르침에 있어서 내 모델이 되었기 때문이다. 나는 그 여선생님처럼 눈물로 아이들을 지도하고 말씀을 전하며 그들과 함께 삶을 나누는 예수님과 같은 모습으로 언제나 내 사역 속에도 사랑의 열매가 맺어질 것을 오늘도 기도한다.

(서울 고척동에서 보내 준 김재경 교사의 글입니다.)

3

프로그램과 심방 설교

19. 주일학교 성장이 안되는 이유 ▶ 115
20. 신나는 주일학교 프로그램 ▶ 119
21. 하나님의 뜻 ▶ 126
22. 사랑방 모임 이야기 ▶ 130
● 심방 설교 자료 ▶ 137

주일학교 성장이 안되는 이유

　수십년 전의 교회는 대개 어른보다 어린이 수가 훨씬 많았다. 그러나 오늘 날은 그렇지 않다. 지금 교회에 가보면 어린이의 수는 많이 줄어 들었다. 그 이유를 여러 가지로 들어 이야기 하지만 아뭏든 내일의 교회는 어떻게 될 것인가? 그때에는 주일학교 교사와 어린이 모두들 뜨거웠었는데 오늘날 주일학교의 냉랭함은 어떻게 된 일인가?
　빠른 속도로 발전한 현대의 문명 속에 우리의 어린아이들을 빼앗긴 것이다. 텔레비전,컴퓨터, 오락 게임 등이 어린이들의 마음을 사로잡아 버렸다. 이제 그들이 올바른 그리스도인으로 성장하도록 어린이 주일학교 부흥에 온갖 노력을 기울여야할 시기이다.

부흥이 잘 안 되는 이유는 무엇일까?

　배를 움켜잡고 고통스러워 한다. 이마에 손을 대어 보니 열이 많다. 온 몸에 붉은 반점이 생긴다. 이렇게 우리는 몸에 이상이 생길 때 병원을 찾아간다. 의사는 치료하기 전에 왜 그런지 알기 위해 진찰을 한다.
　마찬가지로 무엇이 잘 되지 않을 때 그 원인을 찾아야 하듯이 우리는 부흥이 잘 안 될 때 먼저 그 이유를 찾아내야 한다. 교회 근처에 어린이들이 없어서 그런 것은 아니다. 교회 근처의 어린이 놀이터나 골목에 보면 아이들이 많이 있다. 또 그들 중에 상당수가 한번 쯤은 교회에 왔던 아이들이 많다. 그런데 왜 그들이 다시 오지 않을까? 가봐야 별 것이 없어 보이기 때문이다. 이런 일이 왜 생기는 걸까?

　첫째, 열정이 없다.
　교사들이 주일학교 부흥에 관심이 없기 때문이다. 내 생활이 바쁘고, 봉사를 그만두자니 그렇고 조금 부족하지만 어쩔 수 없다. 이만하면 됐지 더 잘할 수 있나? 잘 하려는 마음은 있는데 생활과 행동이 잘 따라 주지 않아서 할 수 없지 뭐. 지금 상태로 그냥 올해까지만 하고 좀 쉬어야지. 대강하려는 버릇과 무책임이 있다. 이런 것이 교회나 주일학교가 성장하는데 아주 큰 걸림돌이다.

둘째, 창의력의 결핍과 잘못된 교육 방법

바쁘다는 이유로 연구를 하지 않는다. 아이들에게 가르칠 공과를 준비하기도 벅찬데 어떻게 연구할 시간을 갖겠는가? 연구를 하지 않으면 새로운 것이 나올 수 없다. 그렇기 때문에 항상 구태의연 하고, 형식적이고 낡은 방식이 되풀이 되는 것이다.

셋째, 교사들에게 비전이 없다

비전이 없는 교사는 어떤 일을 하려는 의욕도 없다. 그러면 주일학교의 성장도 없다. 빛나는 역사는 비전이 있는 사람에게 주시는 열매다. 요셉을 통해서 볼 때 하나님께서는 비전을 가진 사람들을 통해 그의 경륜을 이루신다. 비전이 클수록 고난도 크고, 고난이 클수록 빛나는 역사를 이루게 된다. 비전이 없으면 고난도 없고 그에게서 아무것도 바랄 것이 없다.

어떻게 해야 주일학교가 성장할까?

그 방법은 간단하다. 우리는 앞에서 성장이 안되는 이유를 들었기 때문에 그와 반대로 하면 가능하다는 말이다. 우리에게는 주일학교를 성장시킬 만한 능력이 없다. 그러나 할 수 있는 방법은 있다.

예수님께서 떠나시고 무능한 제자들이 한자리에 모였으나 걱정과 근심에 사로잡혀 무엇을 어떻게 해야할지 알지 못했다. 그러나 그들이 예수님의 말씀대로 열심히 기도에만 힘썼다. 오순절이 되자 그들이 모두 한곳에 모였을 때 갑자기 하늘로부터 성령께서 임하셨다. 그들은 모두 성령충만하여 성령께서 주신 능력으로 방언을 하고 마음이 뜨거워져서 문을 박차고 거리로 뛰어나가 외쳤다. 이로써 많은 사람이 회개하고 세례를 받는 놀라운 역사가 일어났다.

교회의 성장은 대부분 머리 좋고 똑똑한 사람의 지성에서 나오는 것이 아니라 무능한 사람들을 통한 성령님의 역사에서 비롯된다. 주일학교 성장에 있어서 우리가 해야 할 일은 다만 성령님께서 역사 하실 수 있도록 자리를 마련해 놓는 일이다.

부흥의 비결

목자는 양의 우리에 수많은 양들을 잘 보살펴 주며 키운다. 그러나 이 양들은 양을 치는 목자가 낳은 것이 아니라 양들이 낳은 것이다.

선생님들이 어린이들을 직접 찾아가서 데려올 생각을 하기보다는 어린이들이 또 다른 어린이들을 데려 올 수 있게 가르쳐 주어야 한다.

목자는 양들을 푸른초장과 맑고 시원한 물가로 데리고 다니며 잘 먹여서 튼튼하게 자라도록 해 주어야 한다. 세월이 많이 흘렀는데도 양이 양을 낳지 못하면 제대로 잘 먹이지 못해서 영양 실조에 걸리거나 병들게 한 목자의 탓이다.

어린이가 어린이를 데려오지 못하면 잘 가르치지 못한 선생님의 책임이 크다.

신나는 주일학교 프로그램

　요즘은 맛있는 음식으로 소문난 곳들이 많이 있다. 그곳을 찾아 가보면 먼곳이든 가까운 곳이든 찾기 어려운 골목이든 가서 보면 앉을 자리가 없어서 한참을 기다려야 겨우 자리를 잡고 음식을 먹을 수 있다. 그 사람들은 초대해서 그곳에 온 것이 아니다. 음식이 맛이 있기 때문에 거리가 멀고 시간이 걸려도 찾아 온 것이다.

　이런 음식점들은 대부분 독특한 개성과 특징이 있다. 공통적이고 필수적인 것은 맛이 있다는 것이다. 그 다음에 가격이 싸고, 음식을 많이 주고, 신선하고, 영양이 많고, 건강에 좋고, 깨끗하고, 친절하다는 소문이 나 있다. 그래서 가서 먹고 돌아오면 이야기해 달라고 말하지 않아도 다른 사람들에게 "어디가면 무슨 음식점이 있는데 너무 맛있게 잘하더라" 하며 소문을 내고 다닌다.

우리 교사와 아이들도 아름다운 향기를 내고 다니면 많은 아이들이 사방에서 몰려와 앉을 자리가 없을 정도일 것이다.

반면에 어느 지방에 내려가서 음식을 먹었는데 정말 맛이 없었다. 가격도 조금 비싼 데 맛도 형편 없었다. 혹시 또 이곳에 올 일이 있어도 절대로 이 식당에는 오지 않겠다고 다짐까지 했다. 다른 사람에게도 그곳에는 가지 말라고 말하고 싶다.

주일학교도 이와 마찬가지라고 생각한다. 어른들과는 달리 어린이들에게는 다양한 활동을 준비해서 맞아 주어야 한다.

오늘날 주일학교의 약점은 프로그램이 옛날과 다름없이 계속 되풀이 된다는 것이다. 새로운 것도, 놀라운 것도 없다. 그래서 기다리던 주일을 기대없이 맞이한다. 신나는 것도 없고, 흥미도 없어 그냥 왔다가 보람없이 돌아간다면 아까운 시간만 낭비하는 것이며 이것은 교사의 책임이 아닐 수 없다.

새로운 프로그램을 알면서도 안 하는지 몰라서 못하는지? 나중에 하나님 앞에서 몰라서 못했다는 핑계를 대지 않도록 몇 가지 프로그램을 제시해 본다. 아래에 나온 것들을 응용하여 교사들이 새롭게, 신나게, 감명깊게, 다양하게, 보람있게 그리고 경건하게 잘 준비해서 진행하도록 하라.

1. 기도 모임

특별기도(한 가지 목표 가지고), 금식기도(어떤 일, 친구, 사건을 위해 하루 한끼씩 돌아가며 한다), 각반별로 또주일학교 전체가 서로를 위한 통성기도, 대표기도, 산상기도, 철야기도, 새벽기도를 할 수 있다. 기회를 만들어 교사와 어린이 또는 어린이끼리 조용한 곳을 찾아가서 서로를 위해 기도한다. 아마 이런 기억은 평생 잊지 못할 것이다.

2. 다양한 성경공부

토의식, 문답식, 성경구절 찾기, 퀴즈, 암송, 질문, 성경게임(퍼즐, 글자, 말, 그림, 행동으로 설명하기, 암시로 알아맞추기), 글짓기, 연구발표 등 다양하게 한다.

3. 어린이 전도 방법

골목전도, 병원위문전도, 글없는 책으로 전도, 풍선전도, 어린이 사영리로 전도, 찬양전도, 편지전도(한두 사람에게 매번 다른 성경말씀을 써서 계속 보내기, 이름은 써도 좋고 안써도 좋다. 언젠가는 만나서 인도해야 하기 때문에), 예술을 통한 전도, 시청각전도, 총동원 전도, 봉사전도(다른 사람을 도와주는), 일대일 친구 데려오기, 체육대회, 견학, 레크리에이션 등을 통한 전도 등이 있다. 전도는 사랑에서 시작된다. 그 아이를 사랑해서 친한 친구가 되어 주는 것이 가장 좋은 방법이다.

4. 축하(경축)

생일(여러 가지 과자와 요쿠르트 등으로 생일상을 차린다.생일 맞은 사람에게 종이로 만든 예쁜 꼬깔 모자를 씌우고 커다란 촛불을 들고 입장하게 한다.), 입학, 졸업, 표창, 신입어린이, 이사 등을 결코 화려하거나, 사치하게 하지 말고 간소하게 한다. 오래 기억에 남도록 아주 의미있게 한다.

5. 극, 영화

드라마, 인형극, 역할극, 즉흥극, 촌극, 단막극, 성극(어린이와 교사가 함께 해도 좋고 따로 괜찮다). 좋은 방법 중의 하나는 모임에서 교사가 짤막하고 좋은 이야기를 해주고 어린이들 중에 각자 지원하는 인물이 되어 극화하면 오래도록 잊지 못한다. 연출자는 평생 추억에 남게 된다. 같은 장면을 두 팀 이상이 해도 좋다.

6. 발표회

독후감 발표회, 신앙일기, 간증(나름대로 어려웠던 일, 즐거웠던 일, 놀라웠던 일, 재미있었던 일, 하나님께 영광되었던 일 등), 토론회(어린이 관심사, 부흥, 활동, 신앙, 전도, 교육 등), 작품 전시회(글, 그림, 사진 등), 장기자랑, 조각 만들기, 토픽, 기담, 일화, 녹음듣기, 미담, 모임에서 각기 한 마디씩 하는 것(듣고 보고 읽은 것 중에서), 주일학교 회보나 주보에 싣는다.

7. 강좌

성경, 생활, 위생, 장식, 문화, 시사, 명사 초청 인터뷰(소감, 교훈), 어린이 부흥회, 수련회(교사, 각부별, 학년별 전체 혹은 연합 등), 헌신예배(어린이, 교사 따로).

8. 봉사활동

다른 사람의 일 돕기(개인, 단체), 구제, 청소, 심부름, 통신, 연락, 음식만들기, 교회에 같이 오기 등.

9. 견학

신앙 유적지, 농어촌 교회, 이웃교회 주일학교, 관광 가까운 곳, 먼 곳 등을 다녀와서 소감을 쓰게 한다.

10. 호기심 해결
일반적인 것, 의심되는 것, 알고 싶던 것 등.

11. 환경미화
실내장식, 꽃병 장식, 페인트 칠, 꽃밭 가꾸기, 나무심기, 교회 주변이나 동네의 환경을 깨끗하고 아름답게 정리한다.

12. 각종 대회
동화구연대회, 찬양부르기대회, 설교대회(교사들의 훈련을 위하여), 성경암송대회(반 단위, 학년 단위, 전체), 체육대회(축구, 배구, 농구, 탁구, 야구, 피구, 육상경기), 민속놀이대회(윷놀이, 잣치기, 고무줄, 그네뛰기, 널뛰기, 제기차기, 줄다리기 등) 등 교사와 어린이 혹은 이웃 주일학교와도 함께 한다.

13. 취미활동
감상 그림, 교육영화, 음악 비디오, 도서 빌려주기, 회람, 등

프로그램 순서가 바뀌는 사이에 레크리에이션을 준비해서 아이들이 떠들거나 우왕좌왕 하지 않도록 한다. 위와 같은 내용을 가지고 잘 응용해서 모든 교사가 서로 분담하여 차근차근 준비해서 하나씩 진행하면 된다.

가장 중요한 것은

미가엘 샴보라 목사

내가 주일학교 교사로서, 최신의 자료들을 준비하고,
교안을 잘 준비하고, 아주 좋은 프로그램을 준비한다고 해도,
내게 사랑이 없다면,
이번 주일 공과공부 시간에 작년 이맘 때 사용하던
낡은 교재를 사용하는 것과 같이 쓸모 없는 자가 될 것이다.

내가 어린아이들을 울릴 수 있는 웅변술과
최신의 교수법을 터득하고,
재적 수를 두세 배로 늘일 수 있다는 믿음이 있을지라도,
내게 사랑이 없다면,
이 모든 노력들은 헛수고에 불과할 것이다.

나의 모든 것을 팔아 어린이들의 필요를 채워 줄지라도,
아이들을 위해 음식을 만들다가 손을 델지라도,
새 옷에 물감을 묻히는 수고를 할지라도,
내게 사랑이 없다면,
나는 하나님이 보시기에,
텅 빈 교실의 보조 의자 같이 쓸모 없는 존재일 것이다.

사랑은 결코 실패하지 않는다.

아무리 값비싼 장난감도 결국 망가지고,
아무리 많은 과자와 우유도 결국 다 없어지고,
신나고 다양한 활동도 결국 잊혀질 것이고,
잘 짜여진 교안도 결국 빛이 바래질 것이지만,
사랑은 결코 잊혀지지 않는다.

내가 어렸을 때에는 가르침을 제대로 깨닫지 못했고,
어른이 되었지만 참다운 그리스도인에 대해
어떻게 가르쳐야 할지 모른다.
출석부와 어린이 성가대 가운, 성경지도, 시청각 교재,
융판, 공과책, 찬송가, 신나는 활동……
이 모든 것이 내 곁에 있을지라도 그리고 믿음과 소망이
내 맘에 있을지라도 그 중에 제일은 사랑이다.

사랑은 월요일에 전화를 걸어 주는 것이며,
　　　　토요일에 찾아가 주는 것이다.
사랑은 부활절 아침에 한 송이의 꽃을 건네 주는 것이다.
사랑은 머리를 쓰다듬어 주며, 반갑다고 속삭여 주는 것이다.
사랑은 어린이들의 손을 붙잡고 산책을 하는 것이며,
　　　　야외 소풍을 가서 점심을 같이 먹는 것이다.
사랑은 꼭 껴안아 주고 잘한 일에 미소지어 주는 것이다.
이런 사랑으로 당신은 신실하고 훌륭한 교사가 되는 것이며,
하나님께서 기뻐하실 것이다.

하나님의 뜻

　김 집사가 뜻을 가지고 40일 기도를 결심하고 사흘 길을 걸어서 산속으로 들어가 기도를 시작했다. 39일째 되던 날 마음에 의심이 생겼다. 그것은 예수님을 믿지 않는 앞집은 부자로 사는데 예수님을 믿는 뒷집은 가난하게 산다는 생각때문이었다. 하나님이 계신다면 어떻게 그럴 수 있겠는가? 김 집사가 실망하여 기도를 그만두고 산에서 내려오고 있었다. 그런데 건너편 골짜기에서 젊은 사람이 혼자 내려오면서 큰소리로 불렀다.
　"여보시오. 같이 갑시다."
　산속에서 처음으로 만나는 사람이라 좀 이상은 했지만 이미 만난 것이라 할 수 없어 그냥 대답을 했다.
　"그럽시다."
　젊은이가 앞에 서고 김 집사는 뒤에서 따라 내려왔다. 어느새 저녁이 되어 어느 집에 들어가 자기로 했다. 그 집 주인은 좋은 사람이라 잘 대접을 받고 아침 식사를 하는데 그 젊은이가 밥상에 놓인 금잔 하나를 주머니에 몰래 감추는 것이었다.

"아차, 도둑이로구나!" 하고 김 집사는 생각했다. 그렇지만 말은 할 수 없고 해서 그 날도 하루종일 같이 걸었다.

저녁 노을이 붉게 물들고 벌써 날이 저물었다. 어느 집에 들러서 하루 밤만 쉬어가자고 했더니 험상 궂은 주인 아주머니가 거절을 했다. 할 수 없이 헛간에서 그날 밤을 지냈다. 그런데 아침에 떠날 때 젊은이는 그 주인 아주머니에게 어제 훔쳐온 금잔을 고맙다고 하며 주는 것이었다.

"이상하다, 도둑은 아닌가보다" 하고 김 집사는 생각했다. 그 날도 이유를 감히 물어보지 못하고 하루종일 걸었다. 저녁 때가 되어 머물 곳을 찾다가 큰 집에 들어가니 할아버지가 반갑게 맞이하며 잘 대접해 주어 그날 밤을 잘 보냈다. 아침에 떠나려고 하는데 할아버지가 아기를 안고 나와 자랑했다. 그 젊은이가 할아버지께 다가가서 말했다.

"애기 좀 안아 봐도 되겠습니까?"

아기를 건네 주자 그 젊은이는 아기를 안고 그 아기의 머리를 세 번 긁어 주었다. 막 떠나려 하는데 마침 그 집 종이 문으로 들어오는 것을 보고 젊은이는 주인 할아버지께 부탁을 했다.

"할아버지, 말을 들으니 이 동네를 지나서 저 아래 골짜기에 외나무 다리가 있다는데 그 건너까지 저 종에게 길 좀 안내하게 해 주십시오."

"그렇게 하시오."

그래서 종은 앞에 서고 젊은이는 가운데, 기도하던 사람은 맨 뒤에서 걸어갔다. 한참 가다가 젊은이가 뒤를 보며 말했다.

"아까 그 애기는 지금쯤 죽었을 거야. 내가 세 번 읽은 것은 죽는다는 것이거든."

이 말을 듣고 김 집사는 깜짝 놀라 무서워 떨면서 아무 말도 못하며 따라갔다. 마침내 외나무 다리에 다다랐다. 종이 맨앞에 서서 천천히 건너는데 중간쯤 가자 젊은이가 뒤에서 발길로 종을 차서 외나무 다리 아래로 떨어뜨려서 죽였다. 그것을 보고 김 집사가 화가 나서 그 젊은이를 밀쳐 떨어뜨리고 뒤로 가까이 가자 그 젊은이가 갑자기 돌아서면서 고함을 쳤다.

"야, 이것아!"

그 소리에 깜짝 놀라서 보니 빛나는 얼굴이 천사였다. 김 집사는 엎드려 간곡히 애원했다.

"살려주세요. 제가 잘못했습니다."

"너는 어디에 갔으며 왜 돌아오느냐? 왜 의심하느냐? 미련한 자야. 하나님의 하시는 일을 네가 감히 어찌 알겠느냐?"

천사가 단호하게 말했다. 그러자 김 집사가 천사에게 물었다.

"천사님, 지금껏 있었던 일을 설명해 주십시오. 대접을 잘 받은 집에서 왜 금잔을 가져왔습니까?"

"그가 예수님을 잘 믿고 하나님을 섬겼기 때문에 복을 주었는데 부자가 되더니 하나님을 멀리 하기 시작했다. 그래서 그의 재산을 떼어내야 했기 때문이다."

"그러면 우리를 거절한 험상궂은 주인 아주머니에게는 왜 금잔을 주었습니까?"

"그는 택함받지 못한 여인이다. 그 돈이 그녀를 지옥으로 가게 한다."

"그러면 그 애기는 왜 죽였습니까?"

"그 할아버지에게는 자식이 없어야 하는데 그가 너무 간절하게 원했기 때문에 노년에 아기를 주기는 했지만 그 할아버지는 그 애를 하나님보다 더 사랑하기 때문에 그 애가 우상이 되었어. 그리고 그 애는 커가면서 불량아가 되어 많은 사람을 죽이게 돼. 그래서 죽인 것이다."

"그러면 우리를 인도하던 종은 왜 죽였습니까?"

"그것은 이 부자 할아버지가 자식을 낳으려고 젊은 여인과 결혼했는데 이 종이 그 여인과 정을 통하여 오늘 밤에 그 할아버지를 없애고 둘이서 같이 살기로 했었다. 그래서 죽인 것이다."

이렇게 해서 김 집사는 지금껏 있었던 모든 의심이 풀렸다.

"하나님의 생각을 사람이 헤아릴 수 없다. 네 앞집 사람과 뒷집 사람의 일로 하나님의 하시는 일을 의심하고 하루를 더 못채우고 돌아오는 이 어리석은 자야!"

그는 거기에 있던 외나무 다리를 부둥켜 안고 회개를 했다.

"다시 가서 40일을 채우고 오겠습니다."

하고 고개를 들어보니 천사는 이미 온데간데 없었다. 김 집사는 오던 길을 돌아서 다시 산으로 올라가 40일을 채우고 내려왔다.

사랑방 모임 이야기

　사역자로서 교사로서 학생들과 지내면서 제일 힘든 것은 그들과 자주 만나지 못하는 것이다. 일주일에 한번씩 학생들을 만나면서 그들을 이해하고 신앙적 도움을 주거나 삶을 나눈다는 것은 거의 불가능하다. 그래서 1년이 지나도록 자신이 맡고 있는 학생들을 파악하지 못한 채 형식적인 이야기만 나누다가- 심지어는 그냥 적당히 지내다 월반시키는 경우가 대부분이다. 학생들을 위하여 섬긴다지만 자신의 만족을 채우며(?) 그저 매주일을 보내고 마는 것이다. 이런 안타까움 속에서 생각해 낸 것이 사랑방 모임이다.

　사랑방! 우리네 옛 조상들에게 얼마나 많은 이야기감을 제공하였는가. 여름 날에는 더위에 지친 몸을 잠시 쉬게 하고, 긴긴 겨울밤이면 더벅머리 총각들이 삼삼오오 모여들어 새끼를 꼬면서 이웃집 처녀에 대한 이야기나 이런저런 얘기를 나누면서 서로의 마음에 담은 이야기를 풀어 나가는 소중한 쉼의 방이었다. 때론 지나가던 객이 늦은 밤잠을 필요로 할 때, 비나 눈보라를 만날 때 넉넉히 내어주던 방이다.

그런 옛 어른들의 지혜와 넉넉함을 빌어서 학생들과 함께 할 방을 그 사랑방을 만들었다. 우리 안에는 4개의 사랑방이 있다. 이 사랑방을 통하여 학생들과 가까이 하게 되었다. 사랑방은 교회 안에 설치된 독립적인 또 하나의 방이 아니라 이곳 저곳 옮겨 다니는 떠돌이 방이다.

첫째, 배움터 사랑방이다

우리들이 아는 학생들의 모습은 교회에서 보는 모습이 전부일 때가 많아서 교회에서 보는 그 모습으로 학생들의 성격과 생활방식이 학교나 가정에서도 그럴 것이라는 생각을 한다. 물론 대부분 잘못된 생각이다. 그 잘못된 부분을 고쳐주고 방향을 제시해 주는 게 바로 배움터 사랑방이다. 이 배움터 사랑방을 통하여 학생들의 또 다른 모습을 만나게 된다.

학생들이 다니는 학교를 분류하여 한 달에 2-3군데 학교를 방문한다. 아이들과 미리 방문 일자를 정하고 본 교회 학생들에게 짝궁이나 앞뒤에 앉아 있는 친구들과 함께 나오라고-물론 전도대상자 중심이다-하여 미리 정한 조금은 조용한 분식집이나 학교 안 교정에서 만난다. 준비한 음식을 먹으면서 학교,

TV, 라디오 등 좋아하는 스타들과 주된 관심사를 편하게 이야기한다. 그러는 사이 타학생들은 경계심을 풀게 되고 교회 다니는 학생은 교회에서는 이야기하지 않았던 꾸밈없는 모습을 보여준다. 신기하게도 교회에서보다 그런 제2의 장소에서 만날 때 학생들의 마음은 쉽게 열렸다.

둘째, 마을 사랑방이다

이것은 아이들이 살고 있는 마을을 중심으로 이루어지는 사랑방이다. 같은 마을에 사는 학생들을 적당히 묶어서 - 어른들의 구역조직표를 참조해서 - 한 팀으로 만든다. 그리고 만날 날을 정하여 한 학생의 집에서 모두 모이게 하거나 근처 분식집에서 모이면서 나올 때 동네 친구나 전도하고 싶은 친구를 데리고 나오도록 한다. 자연스럽게 그들과 어울리면서 교회에 다니는 아이들의 언행도 알 수 있게 되고 그 친구들을 통하여 학생들의 생각도 알 수 있게 된다. 이러한 만남을 통하여 친구 관계를 알 수 있고 무슨 일이 발생했을 때는 그 친구들의 도움을 얻을 수 있었다.

셋째, 무박이일의 사랑방이다

이 사랑방은 여름과 겨울 방학기간을 통하여 이루어지는데 보통 학년별(반별)로 묶어서 실시한다. 한 학년씩(한 반씩) 금요일 저녁에 교회에 모이게 하여 같이 저녁을 해먹으면서 편하게 삶을 이야기한다. 생각해 보라 겨울밤 촛불 하나 켜놓고 우리들의 삶에 대하여, 사랑에 대하여 그리고 조금은 힘들고 어려웠던 것들을, 누구에게나 말못했던 이야기들까지 꺼내어 나눈다는 것이 얼마나 소중한 시간이겠는가를. 서로의 이야기를 들으면서 울고 웃은 것들은 기도 제목들이 되어 어느새 밤기도로 이어지고, 부시시하게 맞는 신새벽의 아침이란. 희한하게도 평소 장난 잘 치고 잘 떠들던 아이들도 그렇게 밤을 보내면 모두 진지해진다는 것이다. 다음 날 오전에 보통 헤어지는데 아이들은 이때 동지 의식을 느끼는 듯 싶은데 그것은 교사도 사역자도 알고보면 우리와 같은 고민을 하고 힘들어 하며 지낸다는 것을 알았기 때문일 것이다. 그렇게 사랑방을 마치고 나서 아침에 아이들과 목욕을 하고 나서 헤어지는데 이때가 가장 신나고 즐거운 시간이다. 여학생들이 불만이 있긴 한데 어쩔 수 없다.

넷째, 반별 사랑방이다

이것은 반 맡은 교사와 반 아이들로 인하여 이루어지는 사랑방인데 보통 두 달에 한 번 꼴로 실시한다. 사랑방을 통하여 교사는 아이들과 더 친근하게 보낼 수 있고 서로에 대하여 더 알아갈 수 있는 계기가 된다. 물론 교사의 준비에 따라 정도의 차이는 있겠지만.

유미는 교회에 다니자고 한 학생 둘이 있는데 교회에 함께 가자고 말을 했지만 자꾸 미루기만 하고 나오고 있지 않아서 우리 동네에서 사랑방을 했으면 좋겠다고 내게 부탁하였다. 우리는 다음 주 토요일에 한 분식집에서 전도할 학생들과 마을 사랑방을 하기로 약속을 했다. 유미와 여학생 둘은 약속한 대로 나왔고 우리는 부담없이 이런 저런 이야기들을 나누었다. 다음 날 여학생 둘은 유미하고 다정하게 교회에 나왔다. 그 기쁨이라는 것은 말로 표현할 수 없다.

  두 명의 여학생과 또 한 차례 사랑방을 가졌고 그 사랑방을 통하여 그들에 관한 대부분을 알 수 있었다. 우선 나이 차이가 많이 나는 동생이 있다는 것, 그리고 아줌마가 있다는 것이다. 도대체 그 아줌마가 누구일까 몹시 궁금했다. 하지만 선뜻 물어 볼 수가 없어서 기다려 보기로 했다. 그 궁금증은 오래 가지 않았다.

  영은이와 지은이가 어린 시절에 아버지와 어머니가 함께 오토바이를 타고 가시다가 교통사고가 나서 어머니는 돌아가시고 아버지만 살아나셨다는 것이다. 부모님은 동네에서 무척 다정한 부부 사이라고 소문이 났었다고 한다. 그러나 얼마 후에 아버지는 재혼을 하였고 새엄마가 들어왔고 그 엄마의 아들이 남동생인 것이다. 그들은 새엄마를 아줌마라고 부르며 엄마로 인정하지 않고 있었다. 그게 분명 바른 행동이 아닌지를 그들은 알고 있었지만 쉽게 마음의 문이 열리지 않는다는 것이다.

  그들은 지금 여고 3학년이 되었다. 회복시킬 필요가 있음을 알았지만 당장에 해결 방법이 생각나지 않아 조금은 더 기다려

보기로 했다. 여름 수련회 때까지 기다렸다.

　두 사람은 첫 수련회인지라 무척 설레였고 이미 출발 전부터 마음의 문이 열리기 시작했다. 그런 그들의 마음을 주님이 아셨는지 첫날 밤에 기도의 문이 열리고 회개의 입술이 열리게 하셨다. 나는 기다렸다는 듯이 두 학생을 불러 진지한 대화를 나누기 시작했다. 이제는 새엄마를 인정하고 받아들이며 더 이상 아줌마로 부르지 말고 엄마라고 불렀으면 좋겠다고, 물론 하루 아침에 되지 않겠지만 그게 교회를 다니는 학생으로 할 일이며 또한 아버지에 대한 미움을 버리고 이제는 용서하고 받아들이며 지내라고 하였다. 그리고 결과는 전적으로 그들에게 맡겼다.

　지금은 건강한 모습으로 교회에 잘 다니고 있다. 교회에 재미(?)도 붙여서 오면 빨리 집에 갈 줄을 몰랐다. 교회 다니는 것을 허락은 했지만 늦게 오는 것을 별로 달갑지 않게 여긴 아버지에게 번번히 혼났다는 사실을 알게 되었다. 얼마 동안은 아버지가 더 인정할 수 있도록 모든 것을 지혜롭게 절제하며 하라고 권면했다.

　이제 그들은 더 이상 우울하고 의기소침한 아이들이 아니다. 활짝 웃고 교회나 동네에서도 잘 지낸다. 자기를 알아주고 인정해주는 이들이 있다는 것에 무척 자신감을 얻고 지내고 있는 것 같았다.

　사랑방을 운영하는데 필요한 것은 시간의 헌신이다. 시간을 투자하지 않고는 아이들과 함께할 수 없다. 내 수첩에는 학생들 모두의 신상명세를 조그맣게 축소해서 사진과 함께 지니고 다닌다. 거기에는 아이들의 기도제목, 사랑방에서 나눈 이야기, 편지와 엽서를 보낸 날, 전화와 삐삐를 한 날 등이 수시로 기록되고 있다. 이러한 모든 사실들은 일주일의 하루 만남으로는 도저히 파악할 수 없는 일들이지만 나와 교사는 이 모든 것을 사랑방을 통하여 알게 되었고, 사랑방을 통하여 아이들과 가까이 하게 되었고 솔직한 동지의 관계가 형성되었다.

그러던 어느 날 영은이와 지은이가 내게 다가와 귀엣말로 일러 주었다.

"전도사님, 오늘 아버지가 우리 둘에게 헌금 주시면서 교회 잘 갔다오라고 했어요."

오! 하나님 감사합니다. 나는 그 감사함으로 오늘도 사랑방에 찾아올 손님을 만나러 간다.

(서울에서 문재진 전도사가 보내 준 글입니다.)

1 진학, 입학

우리의 장래

"네 자녀에게 부지런히 가르치며 집에 앉았을 때에든지 길에 행할 때에든지 누웠을 때에든지 일어날 때에든지 이 말씀을 강론할 것이며."(신명기 6:7)

교육이란 사람을 사람되게 대우해 주고 가르치는 것을 교육이라고 합니다. 교육에는 두 가지가 있다고 봅니다.

하나는 세상의 이치를 가르치는 일반 교육이 있는가 하면 또 하나는 하나님 말씀을 가르치는 기독교 교육이 있습니다. 이 두 가지가 모두 중요하지만 그리스도인의 가정에서는 기독교 교육이 자녀에게 매우 중요합니다.

오늘 본문의 말씀은 기독교 교육의 귀중함을 교훈하고 있습니다. 이 말씀을 꼭 명심하시고 자녀들에게 세상 교육을 가르치는 것도 중요하지만 하나님의 말씀을 잘 가르치는 일에 더욱 열심을 내셔야 합니다.

유대인들은 신명기 6장 7절의 말씀대로 자녀들을 잘 양육합니다. 유대 민족은 오로지 교육에 소망을 건 민족입니다. 유대인에게는 문맹자가 없다는 말이 있습니다. 그러기에 참된 교육이 민족과 나라의 소망이라고 합니다.

"예루살렘은 멸망할지라도 유태의 교육만은 계속되어야 한다."

라는 예루살렘 최후의 날에 있었던 랍비 아끼바의 정신이 그대로 계승되고 있는 것입니다.

자녀에 대한 교육은 바로 여호와께 대한 의무라고 생각합니다. 유태인에게 전해지는 이야기가 있습니다. 그 옛날 모세 당시에 있었던 이야기입니다. 여호와께서 이 세상에 내려오셨습니다. 그리고 사람들에게 말씀하셨습니다.

"이 세상에서 가장 값진 선물을 주러 왔노라."

이에 유태인 지도자였던 모세는 매우 기뻤습니다. 이 세상에서 가장 값진 선물을 주시겠다고 하니 기쁘지 않을 수 없었습니다. 하지만 그 선물을 그냥 받을 수 없다고 그는 생각했습니다. 그래서 모세는 여러 지도자들과 의논을 했습니다. 그 모임에서 대부분의 지도자들은 우리가 가지고 있는 값진 보석을 바치라고 했습니다. 그런데 여호와께서는 그런 것은 원하지 않았습니다.

"그것은 보잘것없는 것이다."

이를 여호와께서 단번에 거절을 하셨던 것입니다. 당황한 유태인 지도자들은 숙의에 숙의를 거듭했습니다. 그러자 한 현자가 제안을 했습니다.

"우리가 가지고 있는 것 중에서 가장 값진 것을 바치면 좋을 것 같습니다."

"우리에게 가장 소중한 것이 무엇인가요?"

"그것은 우리의 장래입니다. 그런데 우리의 장래를 형태로 나타내면 그것은 우리의 자녀들입니다."

그래서 모세는 우리의 자녀를 여호와께 모두 바치겠다고 말하였습니다. 이에 여호와께서 기뻐하셨습니다.

"자녀들을 내게 바친 너희들에게 이 세상에 가장 귀한 선물을 주노라. 그리고 어린이들을 너희에게 맡기겠으니 열심히 성경을 가르쳐 훌륭한 사람이 될 수 있도록 하라."

이와 같은 종교적 배경에 의해서 유태인들은 자녀에 대한 교육이 곧 여호와께 대한 공경이라고 생각합니다. 그들은 자녀를 여호와께서 맡겨 놓은 자녀이며 그러기에 자녀들에게 성경을 충실하게 가르치는 것은 여호와 하나님께 대한 인간의 의무라고 생각하여 이를 수행하고 있습니다.

그러기에 크리스천 부모에게는 귀한 사명이 있습니다. 처음 초등학교에 입학하는 어린이, 또한 진학하는 어린이들을 유태인 부모처럼 자녀들을 잘 교훈하고 양육하여야 합니다. 그것은 하나님이 기뻐하시는 뜻이며 자녀에게 축복의 길이라고 하겠습니다.

기도문

지혜와 지식의 근본이 되시는 하나님, 오늘 이 가정의 자녀가 입학(진학)하게 됨을 감사합니다. 바라옵기는 이 가정과 자녀에게 은혜 풍성이 내려주시고 자녀들에게 믿음과 건강을 주세요. 지혜와 총명을 주세요. 그래서 교회에서나 학교에서 잘 배우게 해 주세요.

이 세상은 너무 거칠고 어려운 문제들이 많이 다가옵니다. 이제 새로운 환경에서 생활할 때 잘 적응하게 하시고, 좋은 친구들을 만나게 해주세요. 그리스도인 답게 담대한 믿음을 주셔서 모든 일을 할 때 지혜와 총명함을 주셔서 슬기롭게 행동할 수 있게 해 주세요. 공부하는 일에 있어서도 게으르지 않고 성실하여 동료 학생들의 모범이 되게 해주세요.

지금까지 자녀의 양육을 위해 헌신과 수고를 다한 부모님들께 좋은 열매가 풍성하게 열리게 해 주세요. 그리고 부모님들에게 기독교 교육에 대한 관심을 갖게 주세요. 자녀를 진리로 훈계하며 양육하기에 부족함이 없게 하시고 자녀를 위해 기도드릴 때 그 기도를 들어 주세요. 또한 하시는 일에도 복을 주셔서 필요한 것들을 풍성히 채워 주시길 원합니다. 이 가정의 자녀들은 신앙 속에서 성장하여 장차 하나님께 귀히 쓰여지는 귀하고 요긴한 일꾼이 되게 하여 주시기를 원합니다. 예수님 이름으로 기도합니다. 아멘

2 대심방

아이들을 꾸짖는 제자들

"때에 사람들이 예수의 안수하고 기도하심을 바라고 어린아이들을 데리고 오매 제자들이 꾸짖거늘 예수께서 가라사대 어린아이들을 용납하고 내게 오는 것을 금하지 말라 천국이 이런 자의 것이니라 하시고"
(마태복음 19:13~14)

예수님은 어린이를 귀엽게 보시고 축복해 주셨습니다. 예수님 당시 어느 날이었습니다. 사람들이 어린아이들을 데리고 와서 예수님께 축복기도 받기를 원했습니다. 그 날은 예수님께 말씀을 들으려고 사방에서 많은 사람들이 모였고 그런 중에 제자들은 그것을 아주 못마땅해했습니다. 그래서 아이들의 부모가 예수님께 접근하지 못하게 했고 심지어 꾸짖기도 했습니다. 그 광경을 보신 예수님은 오히려 제자들을 나무랬습니다.

"그럴 것 없다. 어린아이들이 내게 오는 것을 용납하고 금하지 말라."

이런 말씀을 하신 우리 주님은 아이들을 안으시고 머리에 손을 얹고 축복해 주셨습니다. 이처럼 예수님께서 어린이를 사랑하시고 축복하신 것은 천국의 사람으로서 합당한 성격을 많이 가지고 있기 때문입니다. 그것은 어린이들은 어른보다 편견이 적으며 또한 하나님이 지으신 것을 그대로 기뻐하는 마음이 있습니다. 그리고 신뢰성과 순종하는 마음이 깊다는 것입니다. 어린이에게 하나님 말씀이 심어지면 잘 성장하여 좋은 열매를 맺게 됩니다. 어린이의 마음밭이 어른의 마음밭보다 옥토인 것입니다. 그래서 예수님은 어린이를 사랑과 축복의 대상자로 삼은 것입니다.

미국의 유명한 부흥사인 요나단 에드워드는 일곱 살에 예수님을 믿고 훌륭한 하나님의 종으로 쓰임을 받았습니다. 유명한 화가인 밀레는 어렸을 때 바다 위에서 해지는 것을 보고 하나님의 영광에 대한 인상을 받았습니다. 예수님께서 어린이에게 축복하신 말씀이 자녀와 가정에 충만하시기 바랍니다.

기도문

오늘 주신 예수님 말씀 참으로 감사합니다. 예수님께서 안수하시고 축복하사 은혜가 이 가정과 어린이에게 풍성하게 내려 주세요. 어려서부터 예수님의 사랑과 귀여움을 받으며 자라게 하시고 또한 착한 어린이로 칭찬받게 해 주세요. 주님을 사랑하는 어린이가 되게 하시고 주님께 은총을 받아 귀하게 쓰임 받는 사람이 되게 해 주세요. 또한 가족들에게도 큰 은혜내려 주시기를 원하고 예수님의 이름으로 기도합니다. 아멘

3 대심방

도시락을 드린 아이

"제자중 하나 곧 시몬 베드로의 형제 안드레가 예수께여자오되 여기 한 아이가 있어 보리떡 다섯개와 물고기 두 마리를 가졌나이다. 그러나 그것이 이 많은 사람에게 얼마나 되겠습니까" (요한복음 6:8~9)

때는 예수님께서 마지막으로 예루살렘을 입성하기 전에 있었던 엄청난 기적적인 사건이었다. 갈릴리 바다 건너편 광야에서 있었던 일로 그 날도 많은 군중들이 예수님께 말씀을 들으려고 운집했고 혹은 군중들 속에는 각종 질병 환자도 끼어 있었을 것입니다.

광야에서 천국 복음이 전파된 것입니다. 말씀을 듣던 군중들은 해가 저물어 가는 것도 몰랐습니다. 군중들은 해가 질 무렵에야 배가 고픈 것을 느꼈습니다. 예수님은 그들의 배고픔도 아셨기 때문에 누가 예수님께 먹을 것을 가져오기를 기다리고 계셨습니다.

빌립이라는 제자는 주님의 심정도 모르고 부정적인 생각만 했던 것입니다.

"선생님, 한 사람에게 조금씩 나누어 준다고 해도 200 데나리

온 어치의 떡으로도 부족할 것입니다."

빌립의 말을 듣자 안드레가 주님이 바라시는 것을 깨달았습니다. 그래서 군중 속으로 비비고 들어가 예수님께 드릴 먹을 것을 찾았습니다.

"누구 도시락 가지고 오신 분 있습니까?"

그러자 군중 속에서 아이의 목소리가 들렸습니다.

"아저씨, 제가 가져 온 도시락이 있습니다. 예수님께 드릴게요. 전해 주세요."

이 어린이도 몹시 배가 고팠지만 주님께 드린다는 것이 무척 기뻤습니다. 예수님을 사랑하고 예수님 말씀따라 살고 싶었기 때문이었습니다. 아이가 드린 도시락은 보리떡 다섯 개와 물고기 두 마리에 불과했습니다. 보리떡은 빈민층의 주식이었습니다. 물고기는 두 마리 뿐이었는데 이것은 너무 적은 양이었습니다. 하지만 한 아이가 예수님께 드린 오병이어로 기적의 역사가 일어났습니다. 주님은 제자들에게 군중을 앉히도록 지시했습니다.

예수님은 이제 광야에 식탁을 마련한 것입니다. 보리떡 다섯 개와 물고기 두 마리를 놓고 축사하시고 예수님께서 말씀하셨습니다.

"자, 떡과 물고기를 군중들에게 나누어 주어라."

그런데 기적이 일어났습니다. 오병이어로 5천 명을 먹인 놀라운 기적의 역사가 일어난 것입니다.

한 아이가 예수님께 드린 보리떡 다섯 개와 물고기 두 마리로

"진세야! 고민하지마. 매주일 전도사님이 진세네 집앞으로 데리러 갈게."

"우와. 정말이에요?"

"그럼."

"그런데 우리집 진짜 먼데."

"멀면 어때, 진세도 이렇게 씩씩하게 오는데……."

그날 이후로 나는 진세를 위해 끊임없이 기도 드리며 매주일 진세네 대문의 벨을 눌렀다. 여름이 지나고 가을이 다가왔다. 진세를 데려오고 예배가 끝나면 또 데려다 주고 주일예배 준비 때문에 허겁지겁 뛰어다니던 시간이 눈깜짝할 사이 지나갔다. 그러던 어느 날, 한번도 얼굴을 뵐 수 없었던 진세 어머니가 진세 손을 꼭 잡고 대문 앞에서 나를 기다리고 있었다.

"전도사님! 안녕하세요. 그동안 우리 진세한테 신경 많이 써주셔서 감사해요. 저는 종교가 달라서 고맙다는 인사도 변변히 못했네요."

"진세가 너무 잘 따르고 신앙생활 을 잘하니까 저도 참 기뻐요."

"우리 진세한테 얘기를 들어서 아시겠지만, 정말 부모로서 어떻게 해줘야 할지 생각하면 눈앞이 캄캄해요. 자식이 시력을 잃어 간다는데 어떻게 하겠어요. 지금으로선 지푸라기라도 잡고 싶은 심정이예요."

진세 어머니의 눈빛은 자식에 대한 사랑으로 너무나 간절했다. 나는 하나님께서 진세를 통해 대대로 이어온 아이 집안의 불교 전통을 끊고 생명의 복음을 심으시고 계신다는 확신이 왔다. 그래서 진세 어머니께 부탁을 했다. 진세를 위해 하나님께 기도를 드려 달라고…… 진세 어머니는 고개를 끄덕였다.

"전도사님! 정말 죄송한데 제 자식을 위해 기도는 얼마든지 드리는데 교회에 나오라는 얘기는 하지 마세요. 저도 하나님에 대해 부인은 안 하지만 종교를 바꾼다는 게 쉬운 일이 아니잖아요."

"알겠습니다. 그러나 진세를 위해 살아계신 하나님께 우리 함께 기도드려요."

그 일이 있은 후 나는 진세네 벨을 누를 때면 항상 그 가정의 구원을 위해서 기도드렸다. 그리고 주일학교 예배가 끝나면 진세 손을 붙잡고 진세의 가정 구원과 시력회복을 위해 간절히 기도를 드렸다. 내가 진세를 데리러 다닌 지도 1년이 지났다. 진세는 같은 또래 아이들보다 마음과 생각이 훨씬 성숙해 갔다. 나는 한 영혼이 천하보다 귀하다는 주님의 진리를 되새기며 진세의 손을 붙잡고 나섰다.

"전도사님! 제가 어른이 되면 자가용을 사서 전도사님을 제일 먼저 태워드릴게요."

"그거 듣던 중 반가운 소린데?"

"전도사님! 이건 빈말이 아니예요. 비가 올 때도 눈이 올 때도 항상 전도사님이 저를 택시로 태워 주시잖아요. 그래서 하나님께 기도드렸어요. 우리 전도사님 저 때문에 가난해지면 어떡하냐구요. 빨리 저를 어른이 되게 하셔서 우리 전도사님 택시

안 타고 자가용으로 태워 드릴 수 있게 해 달라고…….”

"우리 진세 때문에 전도사님 눈물 날려고 해. 책임져라.”

"전도사님 울릴려고 그런 것 아닌데…… 그냥 고마워서 그랬는데…….”

어쩔줄 몰라하는 진세를 껴안고 나는 속삭였다.

"진세야! 우리 끝까지 참고 견뎌내자. 믿음 안에서 기도와 수고는 절대로 헛되지 않을거야. 우리 진세의 이 믿음으로 인해 너의 가족들이 구원을 받는다면 이 얼마나 값진 일이야.”

돋보기 안경 속에서 초롱초롱 빛나는 진세의 눈망울을 쳐다보며 나는 오늘도 변함없이 기도를 드리고 있다.

(목포에서 보내 준 장수단 전도사의 글입니다.)

찬영이 다니는 교회는 안가요

 내가 찬영이를 만나게 된 것은 교회에서 초등학교 4학년을 맡게 되면서였다. 그는 초등학교 4학년이었고 교회에서 누구도 말리지 못하는 말썽꾸러기였다. 예배시간에도 끊임없이 떠들고, 장난치고, 다른 아이들을 괴롭히고, 교회에서 싸움이 났다 하면 거의 90%는 찬영이가 끼어 있었다.
 찬영이 아버지는 교회에 나오지 않았지만 그의 어머니가 믿음이 좋으셨기에 동생과 함께 한 번도 빠짐없이 교회에 출석하였다. 교회에 출석은 열심히 하지만 교회 생활은 말로 형용할 수 없을 정도로 개구쟁이였고 오로지 교회 나오는 가장 큰 이유는 한 번이라도 교회에 빠지는 날에는 어머니의 불 같은 매가 무서웠기 때문이다.
 그러한 찬영이가 문제가 된 큰 이유가 있었다. 그것은 찬영이가 힘으로 하면 4학년에서는 전교 으뜸이었고 6학년 형들까지도 그를 꺼려했기 때문이다. 이런 찬영이가 무서워서 교회에 못 나오는 아이들이 생겨나게 되었다. 동네의 길거리에서 전도를 하다가도 이런 일이 생긴다.

"○○교회에서 나왔는데…….."

하고 이름만 되면 아이들은 깜짝 놀라면서 대답한다.

"네! 거기 찬영이가 다니는 교회지요? 저 그 교회에 안 갈래요."

라고 말할 정도였다. 그러던 중에 내가 찬영이 반의 담임이 되어 찬영이네를 심방하게 되었다. 찬영이네 집을 물어서 찾아갔는데 그야말로 산꼭대기였다. 말 그대로 달동네 첫집이었다. 허름한 대문은 비스듬히 기울어져 금방이라도 떨어질 것 같았다. 창호지로 바른 미닫이 문조차 이곳저곳이 뚫어져 있었다. 찬영이네 사는 모습은 너무나 초라했다.

더 놀란 사실은 그렇게 교회에서는 거칠어 보였던 찬영이가 맞벌이 하는 부모님께서 일을 하러 나간 동안 어린 동생의 식사를 챙겨주는 것은 물론이며, 밥하기, 빨래하기, 설겆이, 청소 등 왠만한 집안 일을 다 하는 것이었다. 이런 찬영이의 또 다른 모습에 커다란 충격을 받았다.

심방 후 찬영이를 새롭게 이해하게 되었다. 그를 위해 기도하게 되었다. 그 후 찬영이와 대화의 시간이 예전보다 점점 길어지게 되었다. 교회에서 틈이 나는 대로 같이 앉아서 이야기하는 시간을 가졌고 또 주일 이외에도 토요일 오후에 우리집으로 초대를 해서 떡볶이를 해주기도 하고, 또 학교 운동장에 가서 축구도 같이 했다. 그렇게 우리의 사이는 가까워지기 시작했다. 그러면서 찬영이의 모습이 조금씩 변화되기 시작했다.

어느 날 찬영이가 찾아왔다.

"저…… 선생님, 드릴 말이 있는데요?"

"응, 그래. 어서 해봐. 무슨 말인데?"

"저…… 선생님, 여자 친구가 있는데요. 교회에는 나오지 않아요. 그런데 우리 교회에 나오라고 전도하고 싶은데 어떻게 했으면 좋을지 모르겠어요?"

라고 나에게 이야기를 하는 것이었다. 그래서 찬영이에게 여러 가지 도움의 말을 해주었다. 사실 그 말을 들었을 때 얼마나 기뻤는지 모른다. 찬영이에게는 누구에게도 말 못할 고민이었는데 나에게 말하고 싶을 정도로 내가 그에게 있어서 믿음이 가는 대상이 되었다는 것이 무엇보다 기뻤다.

시간이 흘러서 4학년이던 찬영이는 어느덧 중학교 3학년이 되었고, 교회에서 그 누구보다도 열심히 중·고등부 활동을 하며 공부도 열심히 하는 청소년이 되었다.

그 후 나는 그 교회를 떠나 현재는 다른 교회에서 교육 전도사로 어린이들을 섬기고 있다. 언뜻 그때 찬영이의 모습이 생각이 날 때가 있다.

"그때 만일 찬영이네 집에 심방을 가지 않았었다면 어떻게 되었을까?"

(서울 구파발에서 보내 준 김상태 전도사의 글입니다.)

심방으로 인생이 바뀐 무디

가난한 벽돌공의 아들로 태어나 초등학교밖에 다니지 못하고 구두 수선공으로 시작한 한 소년을 심방하여 전 세계를 뒤흔든 위대한 전도자로 변화시킨 킴볼 선생은 그때에 겪었던 장면을 이렇게 이야기 하고 있다.

나는 무디 소년에 대한 깊은 애정과 관심을 갖게 되었다. 그래서 그에게 그리스도와 그의 영혼에 대하여 이야기를 해주고 싶었다. 그래서 홀튼 양화점을 향하여 걷고 있었다. 그런데 그 가게에 거의 다 갈 무렵 다소 주저하는 마음이 생겼다. 혹시 내가 갑자기 방문하여 그가 당황하지 않을까 걱정이 되었다. 게다가 방문한 뒤의 일이 은근히 걱정이 되었다.

그것은 한 직장에서 같이 일하고 있는 점원들이 누구냐고 물을 것이며 무디에게 착한 사람이 되라고 방문했다고 해서 그를 놀려주지나 않을까 하는 마음이 앞섰기 때문이다. 그런 생각을 하며 걷다가 그만 가게를 지나치게 되었다. 오던 길을 다시 되돌아서 가게 안으로 들어갔다.

무디는 가게 뒷켠에서 신발을 포장하고 있었다. 나는 그에게 다가가서 그의 어깨에 다정하게 손을 얹었다. 킴볼 선생은 구두 창고에 처음 발을 디디면서 무디를 전류가 통하고 있는 철사와 같은 사람이라고 생각했다. 넘치는 힘, 용광로처럼 달아오른 저 열심, 민첩하고 빈틈없는 솜씨를 보면서 더 그런 생각을 해 보았다. 하나님께서 이 전류가 통하고 있는 철사를 쓰신다면 무엇이든지 할 수 있는 사람으로 믿어졌다.

"무디, 이렇게 바쁜 때 와서 미안하네."

이런 말부터 킴볼 선생은 차분히 이야기를 시작했다.

"자네가 우리 교회에 참석한 지도 어언 1년이 되었고…… 그런데 자네는 그리스도를 마음에 받아들인 체험이 있나?"

"아니요. 그런 경험은 없는 것 같아요. 기독교라는 것이 좋은 것이라고는 생각합니다. 그러나 깊이 빠지고 싶지 않습니다."

그 사이에 사무엘 아저씨가 지나치면서 동정을 살피고 나갔다. 무디는 이때가 기회라고 생각했다. 킴볼 선생의 대단치 않는 볼 일이 그만 끝났으면 좋을 것 같아 흩어진 포장지를 다시 정리하기 시작했다. 그러자 킴볼 선생이 다시 입을 열었다.

"잠깐! 무디, 나는 자네를 위해서 하나님께 간절히 기도했네. 자네를 다른 곳으로 가게 해달라고 기도했으니 꼭 들어 주시리라고 믿네."

"다른 어떤 양화점인가요?"

무디가 고개를 들고 일어섰다. 킴볼 선생은 웃으면서 무디의 양 어깨를 지그시 잡았다.

"무디, 하나님은 자네를 사랑한다네. 하나님의 아들, 예수 그리스도는 무디를 위해서 십자가에 못박히셨다네."

이 말에 무디는 어리둥절했다.

"나는 무디가 이같은 사실을 과연 믿고 있는가 확인하러 왔네. 며칠 동안 여러 차례 망설이고 또 양화집 앞에까지 왔다가는 되돌아가려고 했지. 무디, 지금 곧 예수 그리스도를 받아들이겠는가?"

이 말을 하며 킴볼 선생은 다급하게 말했다.

"선생님, 어떻게 하면 됩니까?"

어리둥절한 심정에서 무디는 이런 말밖에 할 수 없었다. 그러자 킴볼 선생은 하나님의 큰 사랑으로 그의 아들 예수 그리스도가 세상 사람을 구원하시기 위해서 보냄을 받았다는 이야기를 자세하게 들려 주었다.

"예수 그리스도를 믿고 세례를 받으면 죄사함을 받게 되는 것이야. 성경은 그리하면 성령을 선물로 받으리니 이 약속은 너희 자녀와 다른 모든 사람, 곧 주 우리 하나님이 얼마든지 부르시는 자들에게 하신 것이라는 말씀이지."

킴볼 선생은 성경으로 하나님 말씀을 깨닫도록 가르쳤다.

"문제는 간단하지. 예수 그리스도를 구주로 받아들이면 되는 거야. 자기 스스로 할 일이야. 아무도 자네를 위해 대신 해줄 수 없는 일이거든."

킴볼 선생은 호주머니에서 손바닥 만한 종이 한장을 무디 앞에 내 놓았다.

"영접하는 자 곧 그 이름을 믿는 자들에게는 하나님의 자녀가 되는 권세를 주셨으니."(요한복음 1:12)

"자, 지금이 바로 그때다. 그렇게 하겠는가?"

"네. 하지만 아직 확실히 모르겠어요."

"그럼 당장 무릎을 꿇고 기도하자."

양화점 뒷방에서 무디는 무릎을 꿇고 자신이 죄인임을 고백했다. 그리고 예수 그리스도를 구주로 받아들이며 죄사함 받기를 기도하였다. 그들은 딱딱한 땅바닥에 무릎을 꿇은 채 굳어져 있었다. 그리고 죄에 대하여 생명에 대해서 신성한 것에 대하여 그들은 다시 성령에 이끌리고 있었다.

그러자 성령의 역사가 홀튼 양화점 창고에 강하게 내린 것이다. 살아계신 하나님의 전류가 킴볼 선생을 통하여 무디에게 전달되어 살아 움직이는 전선이 되었다.

조금 전만 하더라도 생명이 없는 구주에 관한 이야기로 시작된 그들의 만남이 마침내 한 생명에게 성령의 강한 역사가 일어난 것이다. 구두를 사거나 팔지도 않은 그들은 가장 귀한 것을 사고 판 셈이 되었다. 무디는 영적으로 다시 살았다. 그리하여 중생의 삶을 살게 되었다. 무디의 가슴은 알 수 없는 충격과 기쁨으로 충만했다. 그것은 흡사 온 세상이 무디를 위하여 힘찬 코러스를 연주하는 것 같았다.

천사 같은 자폐아

천안에 가서 10일 동안 여름성경학교를 할 때였다. 그 지역에 교회는 하나밖에 없었고, 제7일 안식교, 남녀호랑계교, 불교 등이 있었다. 서로가 경쟁하려고 아이들에게 무료로 붓글씨, 영어, 수학, 독서교실, 영화상영 등으로 지역 주민을 끌고 있었다. 믿음이 없는 부모가 못가르쳤다는 죄의식 때문에 그곳에라도 보낸다는 것이다.

그때 내가 두 분 교사와 함께 찾아갔던 집은 대문 입구부터가 기분이 좋지 않았다. 대문 입구와 마당에는 소금이 뿌려져 있었고, 마루에는 초등학교 1,2학년 정도로 보이는 아이가 우릴 쳐다보고 있었다. 그 아이는 자폐아였고 아무도 돌 볼 사람이 없었다. 엄마는 일하시고 아빠는 매일 술마시고 신세 한탄을 하는 가정이었다.

우리는 얇은 동화책을 그 아이에게 읽어주었다. 장난도 치고 놀아주면서 우리는 어느새 친해졌다. 다음 날 스케치북과 크레파스를 가지고 또 찾아갔다. 여전히 아이 혼자 마루에서 뒹굴고 있었다. 스케치북을 펴고 그곳에 마음껏 끄적끄적할 수 있도록 크레파스를 손에 쥐어줬다. 다음 날 나는 성경학교에 이 아이를 데리고 가길 원했다. 그러나 부모님이 집에 계시지 않아 무턱대고 아이를 데리고 갈 수만은 없었다. 우리는 고민 끝에 편지를 써놓기로 했다.

"안녕하십니까? 저희는 저 아래 동네 ○○교회에서 온 ○○입니다. 저희 교회는 지금 여름성경학교 기간 중입니다. 귀댁의 자녀와 이틀 동안 함께 동화책도 읽고 그림도 그리면서 친해지게 되어 매우 기쁘게 생각됩니다……. 저희가 아이와 함께 예배에 참석하고 싶지만 부모님이 계시지 않아 편지를 써놓습니다. 혹시 아이가 없다고 놀라시지 마시고 성경학교를 마치면 댁으로 아이와 함께 방문하겠습니다."

우리는 너무나 걱정이 되었다.

"만약 이 일을 문제시 삼고 아이가 정상이 아니라 놀라서 일이 커지면 어쩌죠?"

겉으로는 담담한 척 했지만 너무나 심난해서 얼굴 근육이 움직여지질 않았다. 일은 내가 저질렀고 책임도 내가 감당해야 했다. 그러나 어차피 저질러 진 일, 일은 내가 벌려놓고 하나님만 믿고 있었던 나는, 아무 문제 없을 것이라며 그들을 위로까지 해야 했다. 그때 도대체 무슨 배짱이 그렇게 컸는지 지금도 이

해가 되지 않는다.

　어쨌든 성경학교가 끝나고 두 분 교사와 함께 아이의 손을 잡고 문을 열고 들어서려는데 집안이 너무도 고요했다. 겁을 먹은 나는 속으로 끝없이 기도했다.

　"하나님, 제발 도와주세요. 아무 일 없도록 도와주세요."
　"어머, 아무도 없나봐요?"
　"어머, 하나님이 도우셨어요"
　"오시기 전에 우리 빨리 가요."

　이게 아니었다. 어머니께 들키지 않는 것만이 내 목적은 아니었다. 난 오히려 들키길 바랬다. 아니 들켰어야 했다. 부모님께 야단을 맞든 칭찬을 받든 나는 들켜서 뭔가 끝장을 보길 원했다. 여기서 끝장이란 부모님까지 전도하든지 아니면, 아이만이라도 교회를 보내겠다는 확답을 듣는 것이었다.

　"선생님, 이 아이가 교회에서 많은 친구들과 함께 놀다가 혼자 덩그러니 있으면 얼마나 허전하겠어요? 어쩌면 공포감을 느낄지도 몰라요. 저한테 좋은 생각이 있어요."

　나는 아이를 선생님들께 잠시 맡기고 교회로 내려갔다. 가방에서 어린이 찬양 테이프를 가지고 왔다.

　"이 찬양 테이프를 켜놓고 지난번 그 동화책을 놓고 가는 거예요. 그리고 간단하게 메모를 남기고 가자구요."

　"아이는 무사히 건강하게 잘 다녀왔습니다. 다른 친구들과 잘 놀고, 율동도 열심히 따라하는 모습이 천사같았답니다. 부모님께서도 천사의 모습을 보셨다면 아마도 감동의 눈물이 흘렀을 것입니다. 아이를 혼자 놓고 오는 것이 마음에 안놓여 찬양 테이프를 켜놓고 갑니다. 아이가 매우 좋아하더군요. 동화책도 시간이 나신다면 읽어주십시오. 부모님께서 괜찮으시다면 내일 아침에도 8시 40분에 아이를 데리러 올 예정입니다……. 그럼, 안녕히 계십시오."

선생님들은 기가막히다는 표정과 애매한(?)한 미소로 나를 바라보았다. 그리고 하나님께서 어떻게 이끌어 가실지 지켜보기만 하면 된다. 다음 날 아침 우리는 아이를 데리러 갔고 또 다시 짧은 메모를 남겨놓았다. 이렇게 성경학교를 마치는 날까지 데려오고 데려다 주었다. 우리는 그 아이의 부모님이 도대체 어떤 생각을 가지고 계신지 알 수가 없었다. 부모님이 교회로 쫓아오지 않은 것만으로도 아이를 교회로 데려가는 것을 인정하신 것으로 생각했던 것이다. 어쨌든 이제 부모와 마주치더라도 그분들이 화를 내지 않을 것이라고 생각했다. 나는 마음속으로 기도했다.

"하나님 오늘은 부모님과 마주치길 원합니다...."

5시가 조금 안되었던 것 같다. 우리는 집에 아무도 계시지 않을 것이라는 확신을 가지고 찬양 테이프를 켜놓고 아이에게 또 스케치북에 그림 그리는 것을 도와주고 있었다. 그런데 이것이 웬일인가? 부엌에서 아이의 어머니가 나오시는 것이다. 너무 놀라 기절할 뻔했다. 그런데 어머니의 손에 들려 있는 것은 맛있는 부침과 먹음직스런 김치였다. 우리가 올 것을 예상하시고 조금 일찍 퇴근해서 음식을 준비한 것이다.

"선생님들이 지금 몇 분이나 계시죠?"
"아, 네. 한 14명 정도 됩니다."
"그러시다면 오늘 저녁 저희 집에서 식사하시는 것으로 알고 준비하겠어요."

그날 저녁 우리 선생님들은 모두 모여 감동의 만찬을 대할 수 있었다. 식사를 하는 중에도 아이는 스케치북에 그림을 그리고 있었다. 어머니는 흐뭇해 하시며 말씀하셨다.

"지금까지 먹고 살기 바빠서 아이에게 그림은 커녕 동화책 한 번 읽어준 적이 없어요. 아이를 누구에게 맡길 수도 없어서 데리고 다니다가 아이가 조금 크고, 아빠가 가끔 들여다 본다기에 집에 두고 다니는데 얼마나 엄마로서 마음이 아픈지…… 정말 고마워요. 애 아빠는 알지도 못하고 서울 교회에서 예수쟁이들이 온다는 소리에 마당에다 소금을 뿌려놓았지 뭐예요? 아이를 교회에 보내겠어요. 그리고 저도 시간이 날 때마다 갈 수 있도록 노력할게요. 제발 우리 아이 잘 좀 부탁드립니다."

나는 웃으며 이렇게 말했다.

"아휴, 괜찮아요. 이젠 이 예쁜 두 분의 선생님들이 책임 질 텐데요."

우리는 너무나 즐거운 시간을 갖게 되었다. 모든 성경학교와 전도를 마치고 내일이면 우리는 이곳을 떠나야 했다. 그날 밤 아이의 어머니가 나를 찾아왔고, 그동안 남겼던 메모지와 아이가 그렸던 스케치북 그리고 찬양 테이프, 동화책을 가지고 오셨다.

"이 물건들 설마 달라고 하시진 않겠죠? 나에게 주고 가시면 제가 잘 간직하고 잊지 않을게요."

"물론입니다. 제가 부탁을 드려야지요. 제발 잊지 마시고 아이와 함께 신앙생활 잘 해주세요."

떠나는 날 나는 모든 아이들 뿐아니라 마을 어르신들, 특별한 관심을 갖게 되었던 아이, 그 아이의 어머니 모두 잊을 수가 없어 무척이나 아쉬웠다. 그러나 그 두 분의 선생님들은 정말이지 함께 열정을 나누며 아이들에 대해 이야기하며 아이들을 두고 눈물로 기도했던 분들이다. 하나님은 그 두 분의 선생님들을 사랑하시며 그분들을 통해 놀라운 일을 행하실 것이다.

내 마음속에 있는 열정과 사랑은 어릴적 초등학교 때 만난 남자 같은 여선생님으로부터 배웠고 그분이 가르침에 있어서 내 모델이 되었기 때문이다. 나는 그 여선생님처럼 눈물로 아이들을 지도하고 말씀을 전하며 그들과 함께 삶을 나누는 예수님과 같은 모습으로 언제나 내 사역 속에도 사랑의 열매가 맺어질 것을 오늘도 기도한다.

(서울 고척동에서 보내 준 김재경 교사의 글입니다.)